# STAY

# ステイ・スモール
## 会社は「小さい」ほどうまくいく

ポール・ジャルヴィス　山田文 訳

# SMALL

ポプラ社

# なんのために？

永遠につづく成長などない。それにもかかわらず、従来のビジネス人はそれを求めてきた。しかし、なんのために成長を追い求めるのか。オックスフォード大学がそれほど成功しているのなら、どうしてワシントンDCにもキャンパスをつくらないのか。もし交響楽団が120人の団員でうまくいっているのなら、どうして600人に増やさないのか。「大きくする」のは、ビジネス戦略として効果的とはいえない。

――リカルド・セムラー（セムコ・パートナーズ社CEO）

# Company of One

WHY STAYING SMALL IS THE NEXT BIG THING FOR BUSINESS

# ステイ・スモール

## 会社は「小さい」ほどうまくいく

目　次

はじめに　10

# I　小さくはじめる

第1章　**カンパニー・オブ・ワンとは何か**　23

従来型の成長モデルは通用しない
あなたの仕事と利益を守るものは何か

第2章　**小さいからできること**　51

小さいままでいることが最終目標
小さな会社は単なる出発点ではない
従業員ゼロで「まともな生活」ができる時代
目標に上限を設ける意味
「まちがった比較」の罠

第3章　リーダーに求められるもの　79
内向的でも優れたリーダーになれる
共通のツール、明確な指示、創造性
専門性を生かすために必要なスキル
「たくさん」ではなく「よりよく」
「成功」も「失敗」も隠さない

第4章　「規模拡大」ではない「成長」　100
なぜ規模を拡大したくなるのか
アイデアの最小バージョンではじめる
ビジネスの核を丸裸にし、強みに集中する
既存組織のなかのカンパニー・オブ・ワン

# II 特徴づける

第5章 **なんのためのビジネスか** 121
正しく考えなければ「情熱」は役に立たない
目的に合った仕事の時間割をつくる

第6章 **「個性」を隠さず顧客と結びつく** 143
情報だけでは退屈になる
「中立」でいると高くつく

第7章 **一人ひとりの顧客がすべて** 158
顧客の感情が生み出すもの
大事にされた人が、ほかの人にもあなたのことを話す
取るに足りない「小さすぎる顧客」はいない

顧客は完璧を求めてはいない――まちがいへの対処
「約束を守る」ための戦略

第8章 小さいままで多くの人に届ける仕組み 182
ブランドと工場の望ましい関係
正しいメールを正しい人に正しいタイミングで送る
オンラインとオフラインを効果的に切り替える

第9章 知っていることはすべて教える 197
アイデアは隠すより共有して実現したほうがいい
顧客教育という新しいマーケティング
売りつけるのではなく、役立つことを教える

# III つづける


## 第10章 信頼のための戦略 215

満足した顧客をフォローする意味
小さな集団に焦点を絞り「改善」に集中する
抜群の「信頼」で差別化する

## 第11章 小さくはじめて繰り返す 233

見込みではなく実際の利益で動く
シンプルなものは売れる
クラウドファンディングとの相性
多額の資金は必要ない
すぐに市場に出し、何度も軌道修正する

第12章 人間関係の目に見えない価値 257
顧客と長期的な関係を築く必要
社会関係資本を貯金する
何を売るかではなく、どうすれば手助けできるか
一匹狼にならないこと
第13章 カンパニー・オブ・ワンをはじめる――わたしの体験 281
まずはちょっとした警告を
自分のスキルを使って人の手助けをする
考えておくべきこと
おわりに――大きくしないこと 304
訳者あとがき 317

# はじめに

２０１０年2月28日、ヴァンクーヴァー冬季オリンピックの最終日に、わたしは妻のリサとミニバンに乗ってフェリー乗り場へ向かっていた。それまでヴァンクーヴァー中心部にある高層マンションの一室に暮らしていたが、その小さな部屋を売り払い、持ち物もほとんど売ったり寄附したりして、ヴァンクーヴァー島の端にある田舎町に引っ越そうとしていたのだ。

移住先のトフィーノは「先端の町」と呼ばれている。そこは実際に地の果てだ。この島はリアリティ番組『ＡＬＯＮＥ～孤独のサバイバー～』の舞台でもある。これは、完全にほかから隔離された環境で出演者たちが暮らし生き抜こうとする番組で、町から北へ数時間のところで撮影されている。トフィーノの人口は２０００人に満たない。ほとんどがサーファー、ヴェトナム戦争時代の兵役忌避者、いまなお20世紀に生きるヒッピーたちだ。

当時――引っ越しの前もあとも、また引っ越しの最中ですら――わたしはオンライン・ビジネス・コンサルタントとしてインターネット上ですべての仕事をしていた。顧客はメルセデス・ベンツ、マイクロソフト、マリー・フォルレオなどさまざま。仕事でも日常生活でも、いつもインターネットに頼りきりだった。それをすべて投げ出して、テクノロジー業界で働く人がまったくおらず、インターネットの接続環境もひどい町に引っ越すことにしたのだ。

つまり、わたしのようなテクノロジー業界出身の人間にとって、これはかなり大きな環境の変化だった。

そこまでして文明から離れたかったのは、都会でのおきまりの生活にうんざりしていたからだ。それに、うまくいっていたビジネスをもっと大きくするようにつねにプレッシャーにさらされることにもげんなりしていた。妻のリサも日々の仕事に飽き飽きしていた。光、音。さまざまなものに気をとられ、絶え間ない喧騒に悩まされる。ふたりとも都市生活の刺激とストレスはもうたくさんだった。正気を保つために、できるだけ早くそこから逃れたかった。ヴァンクーヴァー島の環境は、都会を離れて元気を取り戻すのに最適だと思われた。

島の森で暮らしていると、おもしろいことに気づいた――自分の考えのなかに深く入りこんでいくのだ。ほかにたいしてすることはない。テレビもNetflixもないのだから、なおのことだ。はじめは、自分の考えを探るのが恐ろしくて仕方なかった（ヴァージニア大学のティモシー・ウィルソンらの研究によると、人はひとりでもの思いに耽るよりも電気ショックを受けるほうを選ぶという）。しかし、しばらく自分の考えに入りこんでいると、ものの考え方ががらりと変わるアイデアが浮かぶことがある。

**規模を小さくすること、それはものを捨てることだけを意味するのではない。思考を明晰に**

**することでもある。**必要最低限の生活をはじめたことで、仕事でもほんとうに必要なことがはっきりとわかるようになった。考えを整理することで（脳の「受信箱のメールをゼロにする」ことで）邪魔なものがなくなり、日々のビジネスをはるかにクリアに見つめられるようになったのだ。それによってわたしは、自分がいまのような働き方をしている理由をはじめてはっきりと説明できるようになった。

このように明確に物事を見られるようになり、独立前から20年近く無意識にやっていたことに目を向けられるようになった。わたしは、弾力性《レジリエンス》に満ちた自由で楽しいビジネスをつくろうとしてきたのだ。ようするにわたしは、規模を縮小して暮らすようになったおかげで、規模を縮小することでビジネスを成功させてきたことに気づいたのである。典型的な規模の拡大とビジネス拡張の道に抵抗することで、わたしはおおいに利益を得ていた（そのおかげで島の森に引っ越すことまでできた）。その理由をようやく理解できたのだ。

わたしは、本書で〝カンパニー・オブ・ワン〟とわたしが呼ぶものをつくっていたのである。

## 働き方のパラダイムシフト

当初は、規模の拡大が必ずしもいいことではないと考えているのはわたしだけだと思っていた。しかし、この本を書く過程で、同じ考えを持つ人がたくさんいることがわかった。また、そうした考えを支える研究が増えつつあることも知った。大きな成功を収める有名企業や著名人も、本質的にはカンパニー・オブ・ワンだったのだ。

トフィーノで暮らしはじめて、毎朝サーフィンに出かけるようになった。ある日、会計士の友人とラインナップ（波がブレイクする場所のことで、サーファーたちはそこで波を待つ）に出ていた。次のいい波を待っていると、その友人がわたしのほうを向いて言った。「うれしいな！　今年はもう十分稼いだから、あとは休んでロッククライミングに行ける」。8月の時点での話だ。わたしは面食らって、次の波をいくつか逃してしまった。水をかいてラインナップまで戻ってきた友人が説明してくれた。彼は生活費をまかなうのにどれだけ利益を出す必要があるのかを計算して、まとまった額のお金を投資にまわしていた。快適に暮らせるだけの額を計上して、それ以上はお金をためる必要を感じていなかったのだ。

必要なお金さえあれば、それ以上はいらない。だから、〝十分〟な額を稼いだら働くのをやめて、あとは旅をして過ごす。その友人は、従業員とオフィスを増やして自分の会計事務所を大会社にするつもりはなかった。会社を大きくしたら、たくさんの従業員と大量の仕事を管理しなければならなくなり、それを維持するのに〝十分〟な金額も大きくなる。いまほどロッククライミングやサーフィンに時間を割くことはできなくなるはずだ。友人がビジネスにおいて焦点を合わせていたのは、大きくすることではなかった。もっとよくすることだったのだ。わたしも同じような考え方をしていた。自分のビジネスと生活に必要な額を把握して、〝十分〟なお金を稼いだらペースを落とすようにしていたのだ。

一生懸命働き、賢明な判断を下していれば、会社は必ず大きくなる——世間ではそう考えられている。しかし、**会社を大きくすることは必ずしもいいことではない。大きくすることで、弾力性と自由が失われることがある。**わたしは、自足してやっていくなかでそれまで知らなかったスキルを新たに学んだ。それと同じことをカンパニー・オブ・ワンもできるはずだ。ほかから抜きん出て成功するためには、そうしなければならない。

問題を解決するには会社を大きくするのがいいと思われがちだ。もっと顧客を獲得したければ、従業員を増やせばいい。もっと収入が必要ならば、支出を増やすべきだ。もっとたくさん問い合わせを処理しなければいけないのなら、カスタマー・サポートのチームを大きくすればいい。しかし規模拡大は、基本的な問題へのいちばんの解決策とは必ずしもいえない。効率化を図って顧客を増やすことによっても利益は拡大できるはずだ。そうすれば従業員は増やさなくてすむ。支出を減らすことでも収入と利益は増やせるはずだ。商品やサービスの使い方をもっとわかりやすく示せば、問い合わせが少なくなってカスタマー・サポートの件数を減らせるはずだ。長時間働くのではなく効率的に仕事をすれば、仕事以外の時間をもっと楽しめるようになるはずだ。

ビジネスの世界で通常理解されている意味での「成長」をやみくもに追求するのは、必ずしも賢明な戦略とはいえない。本書で紹介する事例の多くからもわかるように、やみくもに規模の拡大を目指すと、ビジネスにさまざまな問題が生じる。社員が増えて手に負えなくなり、厖大なコストがかかるようになって、一日でさばききれない量の仕事を抱えこむことになる。人員を削減し、不本意な値段で会社を売却せざるをえなくなって、場合によっては倒産に追いこまれる。

そうだとすれば、会社を大きくするのではなく、小さく、かしこく、効率的に、弾力性を持って成長させることを目指したらどうだろう。

会社を小さいままにしておくのは、ほかの目的のための手段でもなければ、失敗の結果でもない。**小さいままにしておくことそれ自体が目的であり、賢明な長期戦略でもありうるのだ。**カンパニー・オブ・ワンは、規模の拡大についてまわるマイナス面を背負いこむことがない。収入、楽しさ、熱心なファン、目的意識、自由、経験は増やしつつも、社員数、費用、ストレスをむやみに大きくしようとする衝動には抗う。このアプローチによって、会社は変化の激しい市場で利益の余裕を確保でき、個人としても困難なときにうまくやっていけるだけの余裕を確保できる。

「カンパニー・オブ・ワン」のアプローチ――つまり、自律して自分自身のキャリアに責任を持つアプローチ――は、ひとりでやるビジネスだけにあてはまるわけではない。カンパニー・

オブ・ワンは、もちろん小規模の会社やひとりの会社のこともあるが、普通の小企業とは異なる。普通の企業は、利益の最大化を目的として拡大や成長を目指す。カンパニー・オブ・ワンは規模の拡大を疑問視して、あえて小さいままにしておくことを選ぶのだ。

カンパニー・オブ・ワンは、フリーランスで活動する人だけのことでもない。フリーランスで働くことは、カンパニー・オブ・ワンになる最初のステップにうってつけだが、フリーランサーとカンパニー・オブ・ワンは異なる。フリーランサーは時間と引き換えにお金をもらう。時給で支払いを受けていても成果物に対して報酬をもらっていても同じだ。働いていないときにはお金はもらえない。フリーランサーの仕事と報酬の関係は、すべて一対一だ。つまり、自分の時間を使って何かをすることで報酬が発生するのである。

一方でカンパニー・オブ・ワンは従来の企業家に近い。システム、自動化、工程を利用して長期的なビジネスを築いていれば、時間と引き換えにお金をもらうのではなく、働いている時間以外にも仕事が動いて利益をあげられる。つまり**仕事と時間は一対一の関係ではなくなる**のだ。形のある製品をつくる場合でも、ソフトウェアを売る場合でも、オンライン・コースで教える場合でも、会社が一つひとつの取引に時間を割かなくても顧客やユーザーはこうした商品やサービスを購入し利用できる。商品の開発に時間をかけ、開発とリリースを繰り返す必要はあるが、顧客の数に制限はほとんどなく、時間を割かなくても利益を生み出せる。本書でこれから見ていくように、カンパニー・オブ・ワンの場合、顧客と利益を増やすのに必ずしも社員やリソースを大幅に増やす必要はないのだ。

**カンパニー・オブ・ワンは、だれでも使える考え方でありモデルだ。小さな会社のオーナーから大企業のリーダーまで、だれもが自分の仕事にオーナーシップと責任を持ち、市場で価値を発揮できるようにするものである——考え方の面でもビジネスへのその応用の面でも役に立つ。**カンパニー・オブ・ワンは、身軽で機敏なビジネスを育てるための青写真を提供する。そうしたビジネスを築くことで、あらゆる経済状況を生きのびることができる。また、インターネット接続を断ったり島の森に引っ越したりしなくても、豊かで意味ある生活を送ることができるようになる。

ジャーナリストのマイケル・ポーランは、食についての考えを3つのシンプルなルールにまとめている——「食べものを食べる。食べすぎない。おもに植物を食べる」。カンパニー・オブ・ワンのモデルも同じくシンプルに表現できる。「小さくはじめる。成長を定義する。学びつづける」

装丁　長坂勇司

# ステイ・スモール

# Ⅰ　小さくはじめる

# 第１章 カンパニー・オブ・ワンとは何か

２０１０年秋、トム・フィッシュバーンは大手食品会社のマーケティング担当副社長の仕事をやめた。世間から見ればとてもいい仕事であったにもかかわらずだ。どうしてやめたのか。漫画を描きたかったからだ。この転職は結局、トムにとって最高の選択になった。心の面だけでなく、意外なことに金銭面でもだ。

トムはただ気まぐれにやりたいことをやろうとしていたわけではない。資本主義に反旗を翻すヒッピーになったわけでもない。うまくいくように念入りに計画を立てて、それを実行に移したのである。

子ども時代から、トムは漫画を描くのが大好きだった。医師だった父親の処方箋用紙のつづりの裏にパラパラ漫画を描いていたほどだ。

その後、ハーヴァード大学でMBAの取得に向けて学んでいたとき、友だちにすすめられて大学新聞『ハーバス』に漫画を投稿するようになった。在学中はそれをつづけたが、卒業後は企業に就職する。ビジネスの学位を取ったのだから、自然な流れだろう。それに子どもがふたりいて収入は自分の分しかなく、住宅ローンも抱えていたので、安定した仕事が必要だった。とはいえ漫画は趣味で描きつづけていて、自分が身を置く企業マーケティング業界を諷刺する漫画を描いては同僚に見せていた。

トムが仕事の片手間に描く漫画は、友人やその友人たち、さらに広い範囲の人たちにも読まれて注目を集めていった。お金を払うという企業も現れ、トムは夜や週末に副業として漫画を描くようになった。そういった企業がたくさん集まり、貯金もあるていどできたところで、ようやくトムは会社勤めをやめて独立することにしたのだ。

会社をやめてからの7年間で、トムは幹部として会社勤めをしていたときの2〜3倍の収入を漫画家として得るようになった。これは組織を大きくしたり、従業員をたくさん雇ったり、世界中にオフィスをつくったりした結果ではない。トムの会社〈マーケトゥーン〉は妻とふたりだけの会社で、あとは数人のフリーランサーが個別のプロジェクトを手伝うぐらいだ。ふたりはカリフォルニア州マリン郡の自宅で仕事をしている。裏庭にある日当たりのいいスタジオで作業をし、ふたりいる娘がしきりにそこを訪れて、夫婦とともに漫画を描いて午後のひとときを過ごす。

ビジネスの世界では従来、成功に規模の拡大はつきものだと考えられてきた。しかし、トムは従来の考えにとらわれることはなかった。彼はビジネスのルールを熟知している。世界トップクラスのビジネス・スクールで学び、その知識を巨大企業で活かしていたのだ。ただ、自分のビジネスをはじめたときには、こうしたやり方に従うつもりはなかった。

通常、企業は調子がいいと人を増やして設備を充実させ、収益を増やそうとする。規模の拡大はつねに望ましい。規模の拡大には終わりがない。規模の拡大は成功に欠かせない。こういう想定がその核にはある。ほかはすべて優先度が低く、あとまわしにされる。仮にトムが自分の会社を大きくしようとしていたら、どうなっていただろうか。トムに漫画を描いて欲しいクライアントがたくさんいるのに、当の本人は（ほかの漫画家たちを管理するのに忙しくて）漫画を描く時間をあまり確保できなかっただろうし、裏庭のスタジオで家族と過ごす時間ははるかに少なくなっていたにちがいない。トムにとってこの種の成長は、かしこくもなければ理にかなってもいない。暮らしと仕事において自分が大切にするものと相容れないからだ。

同じく消費者文化においても、〝もっと〟がつねに求められている。わたしたちは広告によってさまざまなものを売りつけられるが、その商品を好きでいられるのはもっと新しくもっといいバージョンが発売されるまでだ。もっと大きな家、もっと速い車。たくさんのものがクローゼットに、ガレージに、倉庫にたまっていく。**〝もっとたくさん〟への執着を広告が煽り、**

**幸福と充足感を約束する。しかしそれは空約束であり、けっして実現されはしない。**ときに必要なのは、〝十分〟あるいは〝もっと少なく〟を目指すことだ。というのも、〝もっとたくさん〟を求めると、多くの場合、生活とビジネスの両方でさらなるストレス、さらなる問題、さらなる責任が生じるからだ。

世間一般のイメージとは異なるだろうが、〝もっと少なく〟という考えをもとにビジネスをするのはむずかしくない。トムは人材確保、オフィスの賃料、給料、社員管理に煩わされることがない。プロジェクトで必要なときだけ外部の人を雇う。その人たちはほかにもクライアントがいて、ほかの仕事もしている。マーケトゥーンの仕事をしていないときも、自力で生活できるわけだ。

トムは安定した長期的なビジネスをつくった。小規模でどのような経済状況にも対応でき、弾力性があってひとつのプロジェクトやクライアントに大きく依存することがなく、**生活を中心に据えて仕事ができる(つまり仕事が中心にはならない)、そんなビジネス**だ。トムは収入を増やしながらも、通常それにともなって生じる罠に陥ってはいない。優秀なビジネスパーソンとして仕事をし、毎日家族と過ごして娘たちと一緒に漫画を描き、さまざまな多国籍企業と取引をしながら、普通のイラストレーターよりも多くのお金をもらっている。

つまりトムは、カンパニー・オブ・ワンの完璧な一例だ。

## 従来型の成長モデルは通用しない

カンパニー・オブ・ワンの定義はシンプルだ。規模の拡大に疑問を投げかけるビジネス、それがカンパニー・オブ・ワンである。

カンパニー・オブ・ワンは、従来型の成長を疑問視してそれに抵抗する。主義からそうするのではない。**規模の拡大は必ずしも利益をもたらすわけではなく、経済的にも採算が取れない**からだ。カンパニー・オブ・ワンは、小さな会社のオーナーひとりのこともあれば、少人数の創業者集団のこともある。もっと自由に自律して仕事をしたいと望む会社員、経営幹部、役員、企業のリーダーもカンパニー・オブ・ワンの考えを採用できる。実際、大企業が優秀な人材を引きとどめておきたいのであれば、カンパニー・オブ・ワンの考えを一部採用することを検討すべきだ。

わたし自身、とてもうまくいくようになったのは、従来のやり方に頼ることなく問題を解決する方法を見つけたときだった。従来の会社は、たくさん人を雇ったり、多額の資金を投じたり、増えた社員を支えるために複雑な設備を調えたりすることで問題を解決しようとする。わたしは、〝もっと〟を求める問題解決策には興味がない。複雑でコストがかかり、責任も大きくなって、たいてい代償も増えるからだ。〝もっと〟を追求するのはいちばん手っ取り早い答えだが、いちばんかしこい答えとはいえない。わたしは規模拡大の道をとらずに問題解決に取り組むことで、よろこびと経済的な利益を得てきた。わたしもその他大勢の人も、いまあるリソースを使って問題に取り組んでいる。工夫は少し必要だが、そうすることで長期的に安定したビジネスを築くことができる。経営をつづけるのにあまり多くのものを求められないからだ。

２０１６年10月、わたしはブログを更新したときに、自分が所有したりつくったりする会社を急激に大きくすることに興味はないと書いた。青い魚の群れのなかで、自分だけが赤い魚でいるような気分だった。しかし、おもしろいことが起こった。続々と反響が届いたのだ。フェアトレード・キャラメルの販売を手がける人から大手テクノロジー企業や衣類製造業者の社員まで、ビジネスであらゆる刺激的なことに取り組む人が共感のメールを送ってきた。みんな従来型の成長に抗い、そうすることで利益を得てきたという。規模の拡大を疑い規模を小さくとどめるという考えを追求しはじめると、ほかにも同じ考えを持つ人たちの研究や事例が次々と見つかった。このようなビジネスへのアプローチを試みる動きが、ひっそりとではあるが存在することがわかったのだ。これは資金難にあえぐテクノロジー・スタートアップやぎりぎりの生活を送る人たちだけのものではない。年に数十万ドルから数百万ドルを稼ぎ、普通の人よりも楽しく仕事をしている個人や企業からなる動きでもある。赤い魚はどんどん増えているのだ。

## あなたの仕事と利益を守るものは何か

厳密にいえば、だれもがカンパニー・オブ・ワンであるべきだ。

大企業に勤めていても、人はみな本質的にはカンパニー・オブ・ワンである。自分の利益と仕事を守れるのは自分だけだ。ほかの人は、あなたの仕事を守ってはくれない。大企業で働いていても、**自分にとっての成功を定義し、それを実現するのは自分の責任**である。

企業のなかでカンパニー・オブ・ワンであることは、むずかしいが不可能ではない。組織内のカンパニー・オブ・ワンも成功を収め、大きな成果をもたらすことがある。長年のあいだにそういう人たちが、ポストイットを発明したりプレイステーションを開発したりしてきた。「社内起業家《イントラプレナー》」も、大規模組織内でのカンパニー・オブ・ワンの一例だ。社内起業家とは、自分の目標を設けてそれを実現すべく行動する企業のなかのリーダーのことである。指示や細かい管理、監督は必要とせず、仕事では完全な自由を与えられている。やるべきことをわかっていて、それを粛々と実行する。会社が何を必要としているのか、自分の能力がそれにどう役立つのかを理解していて、それをふまえて仕事に取り組む。

とはいえ、「社内起業家」とカンパニー・オブ・ワンは異なる。社内起業家は通常、製品づくりやマーケティングの責任者だ。つまり、後ろ盾になっている会社のリソースを使って新しいものをつくりだす。一方で企業内のカンパニー・オブ・ワンは、管理職である必要もなければ、製品をつくる必要もない。使用するリソースや人員を増やすことなく、もっと生産的に仕事ができるようにする方法を見つけるのがカンパニー・オブ・ワンだ。管理職や製品をつくる人であることももちろんあるが、それだけではない。

大企業内のカンパニー・オブ・ワンは、これまでも企業が飛躍的な進歩を遂げたり市場を席巻したりするのを手助けしてきた。GORE-TEXファブリックの製造で知られるW・L・ゴア&アソシエイツ社で働いていたデイヴ・マイヤーズは、社内で新しいアイデアを生み出すために自由な時間を与えられ、同社の製品に使われていたコーティングをギターの弦に使うアイデアを思いついた。その結果、アコースティック・ギター弦のブランド、〈エリクサー〉が誕生してベストセラーになった（競合他社をはるかに凌ぐブランドだ。わたしもこの弦を使っている）。カンパニー・オブ・ワンは偶然生まれることもある。3M社の科学者、スペンサー・シルヴァー博士が航空宇宙産業向けの接着剤の開発に取り組んでいたとき、さまざまな製法を試しているうちに、まったく跡が残らない力の弱い接着剤ができた。航空機には使えなかったが、そこからポストイットが誕生した。

Googleなど一部の大企業は、従業員に「パーソナル・タイム」を与えて、通常の業務のほかにさまざまなアイデアを試せるようにしている。Facebookは「ハッカソン」を活用している。ハッカソンは数日間のソフトウェア開発イベントだ。プログラマが集まり、協力して比較的短期間で大きなものをつくりだす。Facebook の重要な機能である「いいね！」ボタンもそこから生まれた。

ダートマス大学のビジャイ・ゴビンダラジャン教授の最近の研究によると、従業員５０００人あたり少なくとも２５０人は真のイノベーターであり、25人はイノベーターであるのと同時に優秀な社内起業家（カンパニー・オブ・ワン）でもあるという。

つまり、多くの大企業のなかにカンパニー・オブ・ワンが潜んでいるわけだ。これらの社員に自由を与え、イノベーションへのスキルと情熱を育めば、会社全体に大きな利益をもたらす可能性がある。しかし、創造性と自由な発想を抑えつけてしまうと、こういった人材はすぐに転職したり起業したりする。彼らは、お金や給料だけに動かされることはまずない。**自分の仕事と役割を、自分の暮らしに最適のかたちにする**ことに関心を向けるのである。

カンパニー・オブ・ワンの人は、自分の生活を中心に仕事を組み立てる。その逆ではない。わたしにとってカンパニー・オブ・ワンであることは、無限の規模拡大にかかずらう必要がないということだ。わたしが働くのは、会社を無限に大きくするためではない。わたしは、自分にうまく機能するかたちで仕事を最大化しようとしている。だから、ときには仕事を減らすこともある。仕事は心の健康を保てるペースでするものだ。高額の経費や費用、給料を払うためにするのではない。たしかに富が増えるのはうれしいが、自分の健康としあわせを確保できなければ、ある点を超えると富が増えるメリットをあまり感じられなくなる。

ビジネスの成功について、わたしたちは社会から偏ったイメージを植えつけられてきた。可能なかぎり長時間働き、ビジネスが軌道に乗るとあらゆる方向へ規模を拡大する。ビジネスを成功させるには、このような戦略が必要だと考えられてきたのだ。さらなるものを加えることによって問題を解決しようとする戦略である。この考え方では、規模が小さいままだと、うまく拡大ができていないとみなされる。しかし、ビジネスにおけるこの考え方を疑ってみたらどうだろうか。さらなるものを加えることなく問題を解決する方策として、あえてビジネスを小さいままにしておくのだとしたら？

規模の拡大を目指しても（とりわけやみくもに規模の拡大を目指しても）、ビジネスの問題をすべて首尾よく解決できるわけではない。さらにいうなら、ビジネスを長くつづけたいのなら、規模を拡大するのは実は最悪の選択かもしれない。

ようするに、カンパニー・オブ・ワンは成長それ自体に反対するわけではなく、収益をあげることに反対するわけでもない。ひとりでやるビジネスに限定されることもない（もちろんひとりでやるビジネスの場合もある）。それに、テクノロジー、自動化、インターネットが役に立つのはたしかだが、カンパニー・オブ・ワンはもっぱらテクノロジーに関心がある人やスタートアップ的な考えを持つ人だけのものでもない。まず規模の拡大に疑問を投げかけ、かしこく前進できるもっといい方法があるときには規模の拡大に抗うのがカンパニー・オブ・ワンだ。

次に、すべてのカンパニー・オブ・ワンに共通する4つの特徴を見ていこう。弾力性《レジリエンス》、自由とコントロール、スピード、シンプルさだ。

## 【弾力性】柔軟な回復力

ベストセラー作家であり、たたきあげの起業家でもあるダニエル・ラポルテは、目標設定や起業家精神について毎月たくさんの人にメッセージを発信している。あのオプラ・ウィンフリーの「スーパー・ソウル100人」にも選ばれたリーダーだ。しかしその昔、ダニエルは数か月前に自分が雇ったばかりのCEOに解雇されるという経験をした。

会社をすぐに大きく成長させなければならないと考えていたダニエルは（彼女のビジネスについては第2章で詳しく取り上げる）、個人投資家たちから40万ドルの資金を集めた。その際に融資の条件として、優秀なCEOを雇って経営を任せるように求められた。ダニエルは会社を法人化して、スーパースターと考えられていた人物をCEOに迎えた。

しかし6か月後、投資家たちとCEOはビジネス・モデルを変えようとして、ダニエルを閑職に追いやった。ダニエルの仕事は月に何度かのブログ更新だけになり、収入も大幅に減る。会社はダニエルの名を冠した個人ブランドであり、彼女の個性とスタイルにもとづいた企業だったにもかかわらずだ。

たくさん涙を流し、ヨガをして、親切な友人たちにも助けられたおかげで、ダニエルはこのショックを乗り越えて気力を取り戻した。優秀な人材を集めて新しいチームをつくり、わずか数週間でウェブサイトを立ちあげる。そして、どうすれば自分の思いどおりに動かせる新会社で最も早くお金を稼げるようになるかを考えて、コンサルティング・サービスの提供をはじめた。それが大好評を博し、順番待ちの列ができて、その後、ベストセラーの本も書いた。

新しいウェブサイトが成功するなかで、ダニエルはあることに気づいた。**ほかの人のお金にはその人の意見もついてきて、ビジネスや生き方に口を挟まれる**ということだ。苦労を経て、ダニエルはカンパニー・オブ・ワンになる道を見つけた。カンパニー・オブ・ワンになること、あるいはカンパニー・オブ・ワンであることは、弾力的であるということだ。つまり、労働市場の変化や失業といった困難な状況からすぐに回復する力と不屈の精神を持つということである。大企業の重点の変化、新しいテクノロジーの出現、ロボットの普及による仕事の喪失（SFの話をしているわけではない。この点についてはすぐあとにさらに述べる）なども同様だ。

アダプティヴ・ラーニング・システムズ社のCEOディーン・ベッカーは、1997年から弾力性について研究し、プログラムを開発してきた。同社の研究によると、**ビジネスでの成功は、その人の教育、訓練、経験のレベルよりも弾力性のレベルにはるかに大きく左右される**という。弾力性は少数の者だけが生まれつき備えている性質だと思われがちだが、実はそうではない。それは確実に習得することができる。弾力的な人は3つの性質を備えていて、それはどれも学んで身につけることができるのだ。

第一の性質は、**現実を受け入れることである。物事はこうあるべきだという考え方は持たない。**「これさえ変わればうまくいくのに」と想像するのではなく、地に足のついた考えを持つ。身のまわりで起こることのほとんどは自分で完全にコントロールできないと理解していて、人生の川を下るわたしたちにできるのは、せいぜいボートの舵を操作して針路を少し調整することぐらいだとわかっている。たとえば、隣の人がチェーンソーを使っていてうるさくても、わたしは執筆作業をやめない。窓を閉めて音楽をかけ、仕事をつづけるだけだ。ダニエル・ラポルテは解雇されてもあきらめなかった。少し時間をかけて態勢を立てなおし、また動きはじめたのだ。

現実を受け入れるのには、ちょっとしたブラック・ユーモアが役立つことも多い。わたしの妻は消防士で救急隊員だが、いつも署のことについて冗談を言っている。隊員たちはつねに最悪の事態を目のあたりにする——燃え落ちる家、心臓発作、さらにはチェーンソーの事故まで。署長はこうした状況に対処する方法として、ユーモアを積極的に歓迎している。悲惨な状況を軽く見ているわけではない。悲惨な状況に、ある種の軽さを与えているのだ。ユーモアのセンスは、人命救助や消火のスキルと同じくらい重要だ。外部の人にはどれだけばかばかしく聞こえても、ブラック・ユーモアのおかげで消防士や救急隊員は現実を受け入れることができ、仕事に取り組むにあたって弾力性を保つことができるのである。

第二の性質は、**目的意識を持っていることである。**弾力的な人は、お金だけでなく仕事の意義にも動かされているのだ。目的とお金は相容れないわけではないが、ひどい状況やストレスフルな状況でも、大きな善のために仕事をしているとわかっていると、弾力的でいられる可能性が高くなる。この目的意識は、個人と会社全体の中心にあって変わることのない価値観から生まれる。カンパニー・オブ・ワンは、仕事の全側面が四六時中楽しいわけではないと認識しつつも、仕事を楽しむことができる。仕事がときにストレスフルでも、それが大きな全体に結びついていたり、大きな結果につながったりするのであれば、つらくてもやりがいがあるからだ。たとえば、新商品を発売したり新しいクライアントを獲得したりした直後は、ストレスを感じることもあるかもしれないが、その商品やクライアントがビジネスの目的にかなっていれば、少しのあいだ不安を覚えても問題はない。ずっとストレスがつづくわけではないからだ。

最後の性質は、**変化への適応力があることだ。変化が起こるのは避けられない。**ライアソン大学の研究によると、カナダでは自動化がすすむことによって42％の仕事が失われる可能性がある。また、ホワイトハウスの大統領経済諮問委員会が２０１６年に発表したところによると、アメリカではむこう10～20年間で62％の仕事がなくなるおそれがあるという。「ロボットの大君主を迎え入れる」（H・G・ウェルズの小説を１９７７年に映画化した『巨大蟻の帝国』のなかの印象的なせりふだ）と冗談を言うことはできるかもしれないが、この脅威は現実だ。マクドナルドには10秒間で鉄板上のすべてのパティをひっくり返せるロボットがあり、数年のうちにクルーはみんなロボットに取って代わられる可能性がある。テスラなどの企業は、大型トラックの自動運転を実現させて長距離輸送ドライバーのかわりにしようとしている。また、高度な技能を求められる仕事も脅かされている。たとえばＩＢＭのＡＩ〈ワトソン〉は、医学の研究や疾病《しっぺい》に関するデータにもとづいて、病気の治療法を提案できる。

とはいえ、**カンパニー・オブ・ワンは、機械化がむずかしいところでこそ強みを発揮する。**すなわち、〝もっと多く〟を投じることなく、ユニークな新しい方法で創造的に問題を解決できるのだ。作業はロボットやほかの人間でもかわりにできるが、むずかしい問題を創造的に解決するのは、取り替えのきかない特定の個人の力によるところが大きい。ロボットが普及しだしても、ここにカンパニー・オブ・ワンの強みがあることはまちがいない。

カンパニー・オブ・ワンは、このような変化を見越して方向転換できる。たとえば、インテリア・デザイナーは、寸法をとったり物品を注文したりするのに使う時間を減らして、クライアント独自のニーズをもとに斬新なデザインを考えるのに時間を割けるかもしれない。あるいはファイナンシャル・アドバイザーは、クライアントの財政状況を分析するのに使っていた時間を減らして、クライアントの具体的なニーズを理解し、どのように金銭管理をすればいいのかを助言するのにもっと時間を費やせるだろう。

**業界の再編や市場の変化を悲観する必要はない。仕事のやり方を見なおして、変化に適応す**

**るチャンスなのだ。**わたしがフルタイムでウェブ・デザインをしていたときには、バブルが弾けたり不景気になったりするたびにむしろ仕事が増えた。大きな会社が提供するのと同じ質の仕事をひと桁少ない額で提供していたからだ。それに、給料をもらって会社で働くよりも多くのお金を稼いでいたうえに、経費はほとんどかからなかった。パソコンを1台買い、賃貸マンションのふたつ目の部屋の費用を計上したら、ほぼそれでおしまいだ。また、経済がもちなおすと、企業は忙しくなりすぎて仕事を下請けに出さざるをえなくなり、その仕事がわたしにまわってきた。いずれにせよわたしは、大規模な企業が大幅に規模を縮小しなければ真似できない収入のモデルを築いていたのだ。

変化が生じたり、市場が困難な状況に陥ったりしたときには、その場に応じて柔軟に対応すれば、社員や支出を増やしたり設備を拡大したりすることなく、すでに手元にあるもので間に合わせることができる。

こうした弾力性は、生まれつきのものではなく習得できるものだ。実際、カンパニー・オブ・ワンをつくろうと思ったら、これを学び育まなければならない。

## 【自由】仕事をコントロールする

カンパニー・オブ・ワンが広がりつつあるのは、自分たちの生活に——とりわけキャリアに

——自由とコントロールが欲しいと思っている人が多いからだ。だからこそ、多くの人がこの道を選んでいるのである。カンパニー・オブ・ワンになることで、自分の生活と仕事をコントロールできるようになる。

しかし、カンパニー・オブ・ワンとして自由を獲得するには、**自分の核にある一連のスキルをよく把握しておく必要がある。能力と自由は切り離すことができない。**自分が何をしているのかわからない状態で完全にコントロールする力を持ってしまったら、悲惨な状況に陥る。トムはマーケティングの知識をハーヴァードのＭＢＡコースと就職先の企業で習得していた。また、漫画の才能を子ども時代から育んで、副業を通じてそれに磨きをかけていた。トムと同じように、あなたにも人から必要とされる一連のスキルやスキルの組み合わせがあるにちがいない。高度に発達したスキルを持っていると、どの分野をのばせばプラスになり、どの分野は拡張しても意味がないかがわかるようになる。

ようするに、まずスキルを磨いておけば、そのスキルを使って自由を獲得できるということだ。

そのためには通常、キャリアのはじめにあるていどの時間をかけて、上司の管理のもと、自由とコントロールの幅が小さく弾力性もさほど求められない仕事をする必要がある。カンパニー・オブ・ワンは、より大きな善のために標準的なルールを破る方法を知っている。しかし、**ルールを破るのは簡単ではない。はじめにルールを学ばなければならないからだ。**カンパニー・オブ・ワンになる前の段階では、まず心をスポンジのようにしていろいろなことを吸収し、自分の職業、業界、顧客についてありとあらゆることを学んで、スキルを習得する必要がある。

優秀な社員にうまく自由を与える企業は、社員をカンパニー・オブ・ワンのような存在として扱い、社員に権限を与えていることが多い。こうした社員たちは、あまりリソースを使わずにすばやく独創的に仕事をする。たとえば、Googleはエンジニアに「20％の時間」を与えている。勤務時間の20％は自分のやりたい仕事をしていいという仕組みだ。Googleがリリースする製品やプロジェクトの半分以上が、この20％の時間に生み出されている。

完全成果主義労働環境（ＲＯＷＥ）を導入する企業もある。そこでは、社員のスケジュールは決まっていないし、会議への出席も自由だ。仕事時間の使い方は完全に社員に委ねられる。自宅で仕事をしてもいいし、午前2時から午前6時まで働いてもいい。それに、会社全体の利益につながるのであれば、自分の好きなように仕事に手を加えてもいい。ＲＯＷＥの概念を提示し、10年以上にわたってその現場を研究してきたカリ・レスラーとジョディ・トンプソンによると、この種の自由な環境では生産性が上がり、社員の満足度が高まって、総売上高は下がる。

起業家や自営業者にとって、自由を確保するのは簡単なように思えるかもしれないが、そこには落とし穴がいくつかある。独立して仕事をはじめると、細かく口出しする上司はいなくなるが、そのかわりに細かく口出しするクライアントに対応しなければいけなくなることが多い。いいクライアントといい案件を見つけるには、スキルと経験がものをいう。本節の最初に触れたとおりだ。独立したばかりであまりスキルがないと、プロジェクトを率いることはできないし、仕事も選べない。しかし、専門技術が高まって人脈が広がると、こちらの意見に耳を傾けてくれるいいクライアントを獲得できるようになる。また、自分が望む顧客やプロジェクトを選べるようになる。

デジタル・ストラテジストで現在はフリーランサーとして働くケイトリン・モードは、企業で5年間働いてスキルを磨いた。その間に業界の仕組みを学び、確固たる人脈を築いて、その人たちと積極的に交流した。漫画家のトムと同じで、独立に踏み切ったのは、あるていど安定した副収入が得られるだけの仕事を確保できるようになってからだ。

ケイトリンの考えでは、何に自由を見いだすかは人によって異なる。ケイトリン自身は、仕事を速く片づけられる働き方を確立した。普通の会社では、どれだけ仕事の速い人でも、毎日決まった時間はオフィスにいなければならない。つまり、生産性や効率性を高めても見返りはない。ケイトリンは、集中すれば午前9時から午後1時までのあいだに仕事を片づけられるとわかったので、その時間帯には会議や電話の予定を入れないようにした。

クラウド・ソーシング・サービス〈アップワーク〉の調査によると、アメリカでは現在、3分の1を超える仕事がフリーランスでなされている。仕事がなくなったために仕方なくフリーランスで働くのではなく、ケイトリンのように、フリーランスとして働くことを選ぶ人が増えているのだ。若者のあいだでは、フリーランスで働く人がほぼ半数を占める。もっと自分の思いどおりにキャリアを築けるようにと、あえてフリーランスを選ぶのだ。**社会全体でも、「仕事」はひとつの職場としてではなく、一連の取り組みやプロジェクトとしてイメージされるようになってきた。**とくにミレニアル世代にとっては、従来の企業オフィスでの働き方はもはやあこがれの的ではない。テレビ・ドラマ『ジ・オフィス』流の諷刺コメディのようなものになっている。

顧客と広い人脈を手に入れてから、ケイトリンは会社をやめて完全にフリーランスとして働きだした。会社員時代はまず自分のスキルを磨き、それから独立に向かって力を注いだ。独立後はつねに順番待ちの顧客がいて、自分の価値観に合わない仕事は断わっている。また、オーディオ機器メーカーのBeats by Dr. Dre、タコベル、Adobe、シューズ・ブランドのTOMSといった大企業とも仕事をしてきた。現在、ケイトリンの仕事は生活を中心に成り立っている。そうなるように力を注いできたからだ。自分がやりたい仕事に完全に集中でき、オンラインで創造的に問題を解決している――ケイトリンはインターネット業界のオリヴィア・ポープ（テレビ・ドラマ『スキャンダル――託された秘密』の主人公）であり、だれにも解決できない問題を解決する。彼女はカンパニー・オブ・ワンへの道を歩みつつあるのだ。

カナダ人のソル・オーウェルは、大きな利益をあげている自分の会社Examine.comへのべンチャー・キャピタルの投資を拒んだ。ベンチャー投資家に会社の支配権を手渡したくなかったからだ。会社の売り上げは年に数百万ドルあったので、現金は必要なかった。会社を売ろうとしていたわけでもなく、仕事をおおいに楽しんでいた。過半数の株を持っているので、顧客のほかに責任を負う相手もいない。大量の資金を調達するよりも、ソルは仕事のオーナーシップを維持し、四六時中仕事に追われることのない自由を確保したかったのだ。彼にとって成功とは、きちんと生計を立てていくことを意味する。しかし、日中に長い休憩をとって犬を散歩に連れていったり、水曜の午後に1時間のダンス・クラスに参加したりする時間を犠牲にする気はない。

ただ、カンパニー・オブ・ワンをうまくコントロールするには、仕事で必要となるスキルを備えているだけでは足りない。セールス、マーケティング、プロジェクト管理、顧客維持にも通じている必要がある。**普通の会社員はたいていひとつのスキルに特化できるが、カンパニー・オブ・ワンは、たとえ大企業のなかで活動する場合でも、多くのことに通じたゼネラリストでなければならないのだ。**

## 【スピード】軌道修正の速さ

カンパニー・オブ・ワンは、制約のもとで最もうまく機能する。制約があると、創造性と創意工夫が発揮されるからだ。たとえばプロジェクト管理ウェブサービスを提供するBasecampは、夏のあいだは週休3日（金曜も休み）になる。そうすることで、重要な仕事とそうでない仕事を考えて、優先順位をつけられるようになるからだ。同社の社員にとって重要なのは、ただたくさん働くことではない。もっとかしこく働いて、限られた時間のなかで仕事をやり遂げることだ。カンパニー・オブ・ワンは、既存の仕組み、プロセス、構造を疑ってかかり、もっと効率的に仕事をして、同じ数の社員で、勤務時間を減らしながら、もっとたくさんの成果を出せるようにする。

Basecampでは、社内のイントラネットに週末3日間の記録を投稿できるようになっている。これによって、世界中に散らばり、オフィスから離れて働く社員たちのあいだにつながりをつくっているのだ。

**スピードとは、ただがむしゃらに速く仕事をすることではない。効率的な新しい方法を使って、最もうまく仕事をやり遂げることである。**ROWEの土台にあるのもこの考え方だ。社員は決まった時間に働く必要がないので、やるべき仕事を早く片づけたら、そのぶん自由時間が増えて報われる。工夫して多くの仕事を短時間でこなせば、スケジュールに余裕ができ、暮らしのなかに仕事をもっとうまく組みこめるようになる。

会社のオフィスで働いていたときには数日かけてやっていた仕事を、ケイトリンはいま数時間で終えている。どうすれば生産性を最大まで高められるかわかったからだ。これによって仕事時間に余裕ができ、それほど忙しくないときにはジムへ足をはこんだり、生まれたばかりの娘と過ごしたりしている。会社で8時間かけてやっていた仕事を、フリーランスになってからは4時間で片づけられるようになり、一日の半分を自由に使えるようになったからだ。いまでもケイトリンは一生懸命働いていて、プロジェクトの締め切りが迫ると長時間仕事をすることもある。しかし、普段は自分のスケジュールを自分でやりくりできている。

顧客層や市場が変化したときにすぐに軌道修正できるのも、カンパニー・オブ・ワンにおけるスピード性の一側面だ。カンパニー・オブ・ワンは、ひとりだったり小さな会社だったりするので、必要な調整も少なく、こうした対応をとりやすい。

カンパニー・オブ・ワンがスピードを有利に使えるのは、必要なときに迅速に軌道修正できるからだけではない。**邪魔になる人の数が少ない**からでもある。スチュワート・バターフィールドは『ゲーム・ネヴァーエンディング』や『グリッチ』といったオンラインゲームの開発をはじめたが、利益をあげられるだけのプレイヤーを確保できなかった。しかしスチュワートは、当時まだ少人数だったチームを軌道修正させてゲームから重要な機能を取り出し、ほかの商品に転用した。写真共有サイトFlickrと、社内チャットシステムSlackだ。現在、Slackには10億ドルを超える価値がある。時間と資金の制約があったからこそ、スチュワートのチームはひとつの商品に全力を注ぎ、それを市場に送り出すことができた。会社の規模を拡大することなく、うまくいっていることといっていないことを把握することで迅速にスピンオフ商品へと移行し、それが最終的に大きな収益を生んだのだ。

ダニエル・ラポルテと話したときに、新しいビジネス・アイデアが浮かんだらまた資金調達をするつもりかと尋ねた。答えはノーだった。**外部の資金を利用しないほうが、すばやく動けるとわかったからだ**。外部から資金調達するのではなく、新製品の最初のバージョンをすぐに売り出して収入を確保する。そしてその資金を使ってさらに生産をつづけ、コストと支出を最低限に抑えながら、できるだけ早く利益が出せるようにするのだという。スタッフが少なくて外部の資金もあまり入っていないと、前進するにせよ有望な方向へ舵を切るにせよ、会社はすばやく動くことができる。

**【シンプルさ】コストをかけず、すぐやれること**

シンプルさが重要であることは、ふたつのソーシャル・ブックマーキング・サービスの例を見るとよくわかる。PinboardとDeliciousだ。Deliciousは急速に拡大し、たくさんの機能が加えられていった。創業者のジョシュア・シャクターは早い段階から資金を投じて、Deliciousをおよそ530万人のユーザーを抱える企業へと成長させた。同社は1500万ドルから3000万ドルほどでYahoo!に売却された。しかし利益をあげることができなかったYahoo!は、DeliciousをAVOS Systemsに売却する。AVOSはユーザーに人気のあったDeliciousのサポート・フォーラムを閉鎖した。数年後にAVOSはDeliciousをサイエンス社に売却し、ユーザーはDeliciousから離れて別のサービスを使うようになっていった。

　Deliciousの経営者が次々と代わるなか、ウェブ開発者のマーチュイ・スグロウスキがPinboardを立ちあげた。シンプルなサービスを年に3ドルで提供していたが、この料金は徐々に値上がりして年に11ドルになる。Pinboardはひとりでやっている会社であり、機能は限られていて、投資家の資金も入っていない。スグロウスキは最初の数か月は副業としてこの仕事に取り組み、十分な収入が確保できるようになってから、Pinboardの仕事をフルタイムでするようになった。

　そして２０１７年6月1日、PinboardはDeliciousをわずか3万５０００ドルで買収し、すぐに新規ユーザーの登録を停止した。利用中のユーザーには、Pinboardへアカウントを移行するオプションを提供した。

　Deliciousは急速に規模を拡大させた。何百万ドルもの資金が投じられ、サービスと社内構造が複雑化したのちに、わずかな金額でカンパニー・オブ・ワンに吸収された。Pinboardはシンプルさを保ち、長期的な視野で事業を展開して、結局勝利を収めた。

　**通常、企業が成功したり勢いづいたりすると、複雑さと規模を増していく。**その複雑さのために、ビジネスの重点や本来の目的が見失われ、コストが増えて時間とお金がかかるようになることが多い。

カンパニー・オブ・ワンでは、規模の大小にかかわらず、シンプルなルール、シンプルなプロセス、シンプルな解決策がうまく機能する。それに対してとくに大企業では、よかれと思って複雑さが加えられていくことが多い。しかしそのうちに複雑なプロセスや仕組みにさらに複雑なプロセスが加わり、タスクを終えることではなく仕事そのものに労力が費やされることになる。これは危険な道だ。プロセスに段階がひとつ加わるだけなら、複雑さもさほど増すわけではない。とはいえ、数年が経ち、あちこちにさまざまなものが加わると、以前はわずか数ステップで片づいた仕事が、6つの部署の長からサインをもらい、法律上の問題がないかを確認したうえで、関係者との会議を十数回も重ねなければ処理できなくなる。

それとは対照的に、カンパニー・オブ・ワンにとって成長とは、ルールとプロセスを単純化することでもある。そうすることでタスクを早く終えられるようになるので、仕事とクライアントにかける時間が少なくなる。これを目標に、カンパニー・オブ・ワンは自分の仕事に絶えず問いを投げかける。このプロセスは効率的だろうか？　同じかもっといい成果を確保しながら、省略できるステップはないだろうか？　このルールはビジネスにとってプラスになっているのか？

カンパニー・オブ・ワンが成功を収めるには、単純化の戦略をとることが望ましいだけでなく絶対に欠かせない。**製品やサービス、管理の層、仕事のルールやプロセスが増えすぎると衰退につながる。**シンプルさを確保しておかなければならないのだ。マイク・ザフィロフスキーは、通信機器メーカー〈ノーテル〉のCEOに就任すると、「ビジネスをシンプルに」という明確な方針を打ち出して社内全体で実行に移した。コストを削減し、製品開発をスピードアップして、最新技術をわかりやすく顧客に提供することにしたのだ。マイクは〝シンプル〟という考えを大企業の隅々にまで浸透させた。

最初から複雑さが忍び寄ってくることも多い。新しいビジネスをはじめようと考えているときから、複雑なほうへ向かいだすのだ。ビジネスをはじめるには、まず「必需品」を揃えなければいけないと考えがちだ。たとえばオフィス、ウェブサイト、名刺、パソコン、ファックス（これは冗談だが）、特注のソフトウェアといったものである。しかし実際には、とりわけフリーランスやスタートアップとしてビジネスをはじめるときには、お金を払ってくれる顧客をひとり見つけて、その人の役に立つことさえできれば十分だ。その後は同じことを繰り返すだけでいい。新しいものやプロセスを加えるのは、ほんとうに必要に迫られたときだけだ。

はじめようと思っているビジネスが多くの資金、時間、リソースを必要とするのなら、それはおそらく大きなものを想定しすぎているのである。最低限のところまで、つまり、**いま、安く、すぐにできるところまで規模を小さくしてビジネスをはじめ、それを繰り返せばいい**のだ。自動化や設備や経費なしではじめるべきである。ひとりの顧客の役に立つところからはじめよう。それから次の顧客を見つける。そうすれば、いま自分が持っているものを使って、すぐに人の役に立つ仕事をすることに集中できる。「セールス・ファネル」のような仕掛けや自動化には、個々の顧客と深い関係を築く意味がなくなった時点で取り組めばいい。

わたしたちは新しいテクノロジー、新しいソフトウェア、新しいデバイスに夢中になっていて、大企業はもとよりひとりでやっている会社までもが、時代についていくためにそれらを既存の体制に組みこもうとする。問題は、「容易」を「シンプル」と取りちがえていることだ。シンプルにしようとして、結局さらに複雑にしてしまうことが多いのである。仕事を容易にしようとして、ツール、ソフトウェア、デバイスをどんどん加えていく一方で、日常的にそれらを使うのがほんとうに容易であるかを検証したり疑問視したりすることがないからだ。

たとえば、高性能の最新人事管理ソフトウェアでも、おそらくスクリーンやドロップダウン・メニューは何百も必要ない。**何千もの製品を売っていても、5%の製品が売り上げの大部分を占めているのなら、おそらくほとんどの製品はカットして差し支えない。**全社的な取り組みが3つですむのであれば、13も必要はないだろう。

できるだけシンプルに出発する。新しい何かを追加して複雑にすることには、つねに疑問を投げかける。カンパニー・オブ・ワンとして事業を立ちあげ、いまある問題を解決して、新しい問題が現れたときにそれに適応する力を最大限に発揮する。そうしているうちに、ひょっとしたら競合する大企業を買収することにさえなるかもしれない。大胆なシンプルさには、それだけの力がある。

# 第2章
# 小さいからできること

ショーン・デスーザは自分の会社を大きくしたいとは思っていない。

1年に50万ドルの利益を出せれば十分であり、それを超える額を稼ぐ必要はないと決めた。ショーンはサイコタクティクスというコンサルティング・サービスを提供している。顧客が商品を買ったり買わなかったりする心理を企業に教えるサービスだ。ウェブサイトと対面のワークショップでショーンが稼ぎ出すのは、年に50万ドルである。

ショーンは、事業主としての自分の仕事は無限に利益を増やすことだとは考えていない。競争に勝つことだとすら思っていない。顧客の暮らしと仕事にプラスになるように、よりよい商品とサービスを提供することが自分の仕事だと考えているのだ。顧客を引きとめてお金を払いつづけてもらうには、顧客のニーズを満たすことが鍵になるとショーンは気づいた。つまり、ショーンがつくるものを使ってビジネスがうまくいけば、その顧客はショーンの商品を買いつづけるということだ。

ショーンは、上限を設けた目標を達成することにしか関心がない。この目標は、ビジネスと成功について一般に考えられていることと矛盾すると思われるだろう。一般には、ビジネスの目標はどんどん利益を増やすことにあり、利益が増えるにつれて社員や支出も増やして規模を拡大すべきだと考えられている。しかし、ほかの多くの人と同じように、ショーンもむしろその反対が正しいと感じている。つまり、成功が何を意味するかは個人によって異なると考えているのだ。利益を出して継続させることはビジネスにとって決定的に重要だが、ビジネスの成功においてそれだけが原動力、指標、要因になるわけではない。

**ショーンが一定額の利益を目指してそれを超えないようにしているのは、自分が望む暮らしを中心にしてビジネスを組み立てたいからだ。**毎年3か月の休みを取って妻と過ごし、毎日ゆっくり散歩と料理を楽しんで、ふたりいる姪にものを教える時間を確保する、そんな生活をショーンは望んでいる。

朝はたいてい目覚まし時計なしで4時前に起き、裏庭にある小さなオフィスで仕事をはじめる。早朝から働くことで、まわりが騒がしくなる前にポッドキャストの音声を録音できるからだ。ショーンは、散歩とコーヒーブレイクの時間をたっぷりとって、のどかな生活を送っている。仕事の中心は、ウェブサイトの掲示板に顧客が書きこむ質問に答えることだ。

ショーンは、年に50万ドルという目標額をやすやすと達成している。これはマーケティングや宣伝の成果ではなく、いまいる顧客を大切にしているからだ。ポッドキャストのリスナーが知り合いにショーンのことを伝え、それによって長期的に少しずつリスナーが増えていく。いまの顧客がすすんで（給料不要の）営業担当者になってくれているわけだ。

企業は既存の顧客のことをあまりにも蔑《ないがし》ろにしがちである。すでに聴き、買い、利用している人たちだ。これらの人たちが、企業にとっての最重要人物である。新しく獲得しようとする人よりもはるかに重要だ。**顧客が10人でも、100人でも、1000人でも、その人たちに迅速にきちんと対応しなければ、規模拡大やマーケティングのために何をしてもまったく意味がない。**すでにあなたに注意を向けている人たちの言うことに耳を傾け、その人たちとコミュニケーションをとり、その人たちを手助けするようにしなくてはならない。

ショーンは、オンライン教育業界でもっぱらマーケティングに力を注ぐ人をたくさん見てきたが、彼自身は既存の顧客に向けて商品をもっとよいものにすることに集中してきた。既存の顧客にさらなる成果、よりよい成果をもたらすために仕事をし、顧客はそれに応えて引きつづきショーンの既存の商品や新商品を買う。ショーンは自分のビジネスをイーグルスの「ホテル・カリフォルニア」になぞらえる——「いつでもチェックインできる、でも出ていくことはできない」。ただ、ショーンのバージョンは、原曲ほどサイケデリックでもなければ氷の上にのったピンクのシャンパンも登場しない。登場するのはチョコレートだ。

顧客をつなぎとめる戦略の一環として、ショーンは顧客に箱入りのチョコレートを贈っている。手書きのカードを添え、ときにはちょっとした漫画を描くこともある。かかる費用は、ショーンが現在暮らすニュージーランドからの送料も含めておよそ20ドル。たいした費用をかけていないのに、顧客はしきりにそれについて語る。2000ドルもの大金を払ってショーンの研修プログラムを受講しているのに、口をひらけば出てくるのはチョコレートの話だ。イベントでショーンが講演をしても、みんなはチョコレートのことを話す。ショーンの顧客たちは、このちょっとした心づかいが大好きで、ショーンのビジネスが一人ひとりに気を配っていることに好感を持っている。ショーンのカンパニー・オブ・ワンは無限の規模拡大を目指すのではなく、**いまいる顧客の役に立つことだけに焦点を絞っている**のだ。

ショーンの友人が大儲けした年があった。その友人は会議でシャンパンをあけて（氷の上にのったピンクのシャンパンだったかもしれない）、翌年は利益を倍にすると誓った。しかしショーンは、ビジネスを小規模にとどめておくのが自分の目標だと確信している。やみくもな規模の拡大は必要ないと思っていて、そうしたものの考え方を疑っているのだ。友人と同じように利益を倍増させようと思ったら、どれだけ働かなければならないだろうか。追加で生じる仕事のせいで、家族と生活全般にどれだけの影響が及ぶだろう。ショーンは、そのような複雑さ、ストレス、責任を求めてはいない。生活の時間を隅々まで仕事に侵蝕されることなく暮らすほうがしあわせだと考えている。だからショーンにとって成功とは、小さいままでいることにほかならない。

ショーンのビジネスは、最適なサイズを見いだしてその状態にとどまるカンパニー・オブ・ワンの好例だ。利益を最大化し、最も望ましいライフスタイルを実現するための長期的な戦略として、ショーンはあえてビジネスを小さいままにしている。いまの規模だからこそ、顧客のことをよく知り、うまく手助けができるのだ。そして顧客は毎年何千ドルもの大金をショーンの研修プログラムに支払う——たった20ドルのチョコレートがものをいっているわけだ。

ショーンと同じように、セムコ・パートナーズ社のCEOリカルド・セムラーも、自分が所有し投資するビジネスにふさわしいサイズを見いだした。それがうまく機能して、セムコは1億6000万ドルもの価値がある企業に育ったのである。リカルドは、企業をただ大きくすることではなくよりよくすることに集中すべきだと考えている。彼のアプローチは、規模の拡大はつねにいいことであり、規模の拡大には終わりがないという考えを疑問視する。リカルドは、**自分が経営する会社が世界で競争力を確保できる規模を割り出し、そこで拡大をやめて、大きくすることからよりよくすることへと重点を移す。**

現在のビジネスのパラダイムでは、お金をたくさん稼いだり長期的に成功したりするには、ビジネスの規模を拡大しなければならないとされている。大きなビジネスは失敗しにくく、利益を確保しやすいとでもいうかのようだ（明らかにこれは正しくない）。それどころかこの見解では、ビジネスを実際にはじめる前から、規模の拡大を唯一の目的として——あるいは会社を最終的に高値で売却することを念頭に置いて——計画を練ることが求められる。しかしこのパラダイムは真実に根ざしてはおらず、批判的な検討にも耐えられない。

**3200社を超える高成長テクノロジー・スタートアップを分析した〈スタートアップ・ゲノム・プロジェクト〉の研究によると、そうした企業の74％が失敗に終わっていた。競争やビジネス計画の不備が原因ではなく、急激に規模を拡大しすぎたためだ。**規模の拡大をもっぱらの目的とするのは、ビジネス戦略として望ましくないだけでなく、完全に有害である。失敗するなかで、これらの高成長スタートアップは大規模な人員削減を行ったり、オフィスや工場を完全にたたんだり、安い値段で会社を売却したりしていた。いまのビジネスの世界では、利益よりも規模の拡大を優先させるようアドバイスされることが多いが、それが失敗の原因だったのだ。

カウフマン財団と『Inc.』誌が5000社の高成長企業を対象に行った追跡調査によると、5～8年のうちに3分の2を超える企業が倒産したり、大幅に人員を削減したり、市場価値よりも安い値段で身売りしたりしていた。この結果は、スタートアップ・ゲノム・プロジェクトの調査結果を裏づけている。これらの企業が自立できなかったのは、収入の目標を念頭に置いて資金を投じたり規模拡大を目指したりしていたからだ。あるいは、ベンチャー・キャピタルによる資金投入によって規模を拡大していたからだ。いずれにせよ、実際の収益をベースにはしていなかったのである。

ベンチャー・キャピタルは資金を投入して企業の成功を目指すのに手っ取り早い方法ではあるが、それがつねに必要とされるわけではなく、それどころかそこには確実に一定のマイナス面がつきまとう。**カウフマン財団の調査によると、長期的に成功している企業の86%はベンチャー・キャピタルの資金を利用していない。なぜか。企業の関心は資金提供者の関心と必ずしも一致しないからだ。**さらに悪いことに、投資家の関心は顧客の関心とも必ずしも一致しない。それに外部から資金が投入されると、自由とコントロール、弾力性、スピード、シンプルさが失われる。これらはいずれもカンパニー・オブ・ワンに必須の性質だ。

Yコンビネータ（スタートアップ向けの大手有名ベンチャー・キャピタル企業）の共同創業者ポール・グレアムによると、ベンチャー・キャピタルが企業に大金を投資するのは、それだけの額の資金が企業に必要だからではない。ベンチャー・キャピタル側が自分たちのポートフォリオを大きくするために、多くの収益をもたらす企業を大きくする必要があるからだ。急激に多額の資金が投入されると、企業は「会議ばかりしている大勢の社員であふれかえる」ことになるとグレアムは言う。

スタートアップはその性質からして非常に脆弱だと起業家のサリム・イスマイルは語る。スタートアップとは、きわめて不確実な条件のもと、大企業に成長する可能性が﹅あ﹅る組織だ。収入が支出に追いつくという想定のもとに、資金やリソースを使う。しかし実際に収入が支出に追いつくことは多くないので、ほとんどのスタートアップは失敗する。

カンパニー・オブ・ワンのなかにはスタートアップとみなされる企業も多いが、カンパニー・オブ・ワンのすべてが従来の意味でのスタートアップであるとはいえない。多くのスタートアップが関心を向けるのは、規模の拡大、買収、従業員、テーブルサッカーを備えた贅沢なオープンオフィスといったものだ。また、いかなる代償を払ってでも大きな利益を得ようとして、立ちあげの際の資金を投資家から調達することが多い。それに対してカンパニー・オブ・ワンは、**安定性、シンプルさ、独立性、長期的な弾力性**に関心を向ける。外部からの投資を必要としない範囲で、小さくはじめてできるだけ多くの利益を確保しようとする。いまここででき ることに焦点を絞るカンパニー・オブ・ワンは、資本の注入なしではじめられる。

すべてのスタートアップをひとくくりにすることはできない。なかには、やみくもな規模拡大を疑ってかかる企業もある。たとえば、ソーシャルメディアのスケジュール管理ツールBufferは300万人を超えるユーザーを抱えているが、社員は72人だけで、その数を急激に増やそうとはしていない。**人を雇うのは、絶対に必要なときだけだ。**Bufferはずっと規模の拡大に疑問を呈していたわけではない。数年前には巨額の資金調達を試みて多くの社員を採用した。積極的に人を採用することで市場シェアを拡大し、投資家が望む収入目標を達成しようというのが狙いだった。しかし、収入によってまかなえないほど多くの社員を抱えることになってしまった。

その後、ふたつの変化があった。第一に、資金を確保したあとも社員を11%削減する必要があるとわかった。実際の収入ではなく目標の収入をもとに社員を雇うのは合理的ではないと気づいたのだ。第二に、何を成功と考えるかについて上層部の見解が分かれていることがわかった。CEOは利益にもとづいた全般的でスローペースな成長を望んでいて、収入の見こみではなく実際に資金があるときにだけ社員を増やすべきだと考えていた。それに対して最高執行責任者（COO）と最高技術責任者（CTO）は、大きな資金を投じて大きな成長を目指したいと考えていた。つまり、典型的なスタートアップのあり方を念頭に置いていたわけだ。最終的にCOOとCTOが退社し、ほかの社員はみな会社に残った。残った社員たちは、実際の利益にもとづいてゆっくり成長するというCEOのビジョンを共有していた。

利益を増やすために無限に規模を拡大しなければならないのなら、目標がどんどん高くなり、それについていくのがどんどんむずかしくなる。しかし、現在の規模で十分な利益を確保できているのなら、規模の拡大はオプションにしておける。成功するのに必要と思われるときには拡大すればいいが、成功に規模の拡大が必要なわけではない。

カンパニー・オブ・ワンが問わなければならないのは、〝ビジネスをもっとよくするにはどうすればいいか〟であって、〝ビジネスをもっと大きくするにはどうすればいいか〟ではないのである。

## 小さいままでいることが最終目標

規模の拡大を追求するなかで、企業や創業者はダニエル・ラポルテが「獣《けだもの》」と呼ぶものと戦わなければならないことが多い。規模の拡大に焦点を合わせる企業は、すさまじい量と規模に対処するために、複雑な仕組みを導入しなければならない。それにはさらなる人的、金銭的なリソースが求められ、そのリソースを管理するのにさらに複雑な仕組みが求められる。

ダニエルの「獣」は、壮大なビジネスの構想に合わせて自分でつくり出した金銭的、技術的な仕組みと構造だった。ダニエルは、ビジネスを次のレベルに成長させるために、ウェブサイトに100万ドルを投じていた。問題は、この100万ドルのウェブサイトを管理運営するのに専門家のチームが必要だったことだ。このように、ブログや商品を更新するには巨額のコストがかかりかねない。

獣は食欲旺盛でつねに餌を必要とする。獣の腹を満たそうとするうちに、ダニエルの関心はビジネスの中心から離れていった。つまり、ビジネスを立ちあげて、つづけているそもそもの目的から乖離《かいり》していったのだ。目的がぼやけるにつれて、ダニエルは肝心のビジネスに力を注ぐよりも獣に餌を与えるのに忙しくなっていった。**獣に餌を与えつづけるためにビジネスを大きくしたいわけではない**と気づいたとき、ダニエルは獣を退治しなければならないと心に決めた。

本人が言うように、「自分が生み出した怪物を殺す」べくダニエルは根本から物事をシンプルにすることを目指すようになった。戦略は、「できるかぎり多くの人に広げる」から「見る目がある人に広げる」に変化する。成長と規模拡大に力を注ぐのをやめれば、カンパニー・オブ・ワンから獣を取り除くことができ、すでに自分の仕事に関心を持ってくれている顧客にふたたび集中できるようになると考えたのだ。ダニエルは、無限に多くの人にアピールするのをやめたのは、夕食会に出席する人だけに食事を提供するようにしたのと似ていると言う——口コミで自然に、つまり有機的《オーガニック》にダニエルの仕事を知った人や、ダニエルのビジネスが目指すものに関心を持つ人に集中することにしたわけだ。ダニエルには、いまも「夕食会」に出席する何十万もの熱心なファンがいる。

獣に惹かれる気持ちはもちろん理解できるし、人間らしくもある。ビジネスでも、人はみんな愛され求められたいのだ。なかにはそういう気持ちをほかより強く持つ人もいる。しかし、この気持ちに疑問を持って、それがほんとうにビジネスに必要かどうかを考えなければ、そのせいでだめになってしまうこともある。仏教では、この獣を「餓鬼《がき》」と呼ぶ。飽くなき食欲を持つ惨めな生き物だ。餓鬼は満たされることがなく、絶えずさらに多くのものを求める。ビジネスの世界では、餓鬼はさらなる規模の拡大、さらなる利益、さらなるフォロワー、さらなる「いいね」を求めつづける。

大手の老舗《しにせ》企業でも、急成長と無限の拡大という獣を追い求める危険から逃れることはできない。スターバックス、クリスピー・クリーム、Pets.comといった企業も思い切った規模拡大を目指し、さまざまなかたちでその代償を払ってきた。

スターバックスは世界中に何百も店をひらいていたが、さらに速く規模を拡大しようと、サンドイッチ、CD、手のこんだドリンクを商品に加えた。この急速な拡大によってスターバックスのブランドはぼやけ、同じぐらい急速に規模を縮小して900の店舗を閉鎖せざるをえなくなった。その後、**スターバックスは原点に立ち戻り、ひとつのことに集中するようになった。よりよいコーヒーを提供することだ。**質の高いコーヒー専門店としての位置づけを取り戻すために、機械類をアップグレードし、完璧なエスプレッソを淹《い》れられるようスタッフを再教育して、音楽やランチ・フードなど余計な商品を取り除いた。スターバックスは、つらい経験を経て、よりよいものとより大きなものは必ずしも同じではないと学んだのだ。

クリスピー・クリームのドーナツはおいしく大人気で、経営は順調だと思われた。できたてのドーナツを求める客が、いつも長蛇の列をつくっていた。しかしスーパーマーケットやガソリンスタンドに出店したり、狭い範囲にいくつも店を出したりして規模を拡大した結果、かつての希少性が薄れてしまった。フランチャイズ店が互いに競合し、会社の利益も減って、2004年から2006年までの2年間で売り上げは18%減少した。規模があまりにも大きくなったせいで会計上や報告上の問題も生じ、アメリカ証券取引委員会に7500万ドルを支払うことにもなった。

最後に、Pets.comは、さまざまな面でドット・コム・ビジネスのブームと破綻を象徴する存在だ。過剰な資金を投入してむやみに規模を大きくすることを優先する一方で、原価をはるかに下まわる価格で商品を販売するなど、明らかに持続不可能なことを行っていた。2000年の第2四半期だけでも、靴下パペットを使った宣伝に1700万ドルを投じている。当時の収入（利益ではない）は880万ドルしかなかったにもかかわらずだ。Pets.comは、現在の会社の規模にもとづいてお金を使うのではなく、自分たちが望む成長を基準に経費を支出していた。その結果、推定3億ドルの投資資本を失うことになったのだ。

もちろん、市場や製品によっては、成功するのに規模の経済が求められることもある。しかし、たいていの場合は規模は必要ない。規模拡大が必要ないのにそれを目指すのは、ビジネス戦略ではなくエゴのためであることが多い。

市場で最初から大きな相手と競争しなければならないと思うと、競争相手のあとを追いかけて規模を大きくすることに必死になり、自分の商品を磨くのが疎かになる。顧客をひとり見つけてその人に向けて仕事をし、それからひとりずつ顧客を増やしていくほうが堅実で役に立つこともある。これ自体が目的になることだってある。人間関係を重視して一つひとつの仕事に集中したいのであれば、おのずとそうなるだろう。大手の真似をして規模拡大を目指すよりも、既存の顧客に成功をもたらすことに集中したほうがよいこともあるのだ。

成功に規模は必ずしも必要ない——クイーン・オブ・スノー・グローブズの創業者リア・アンドリューズは、偶然それに気づいた。リアは規模拡大にまったく向かない会社を経営している。手のこんだユニークなスノー・ドームを一つひとつオーダーメイドでつくっているのだ。リアのもとには最初から注文が殺到した。クエンティン・タランティーノやチャニング・テイタムといった有名人や、Netflix のオフィスからも注文を受ける。しかしリアは生産を拡大するのではなく、需要と供給が釣り合うところまで値段を徐々に上げていった。競合他社がつくる大量生産のスノー・ドームよりも質のいいすばらしい製品をつくることに力を注ぎ、そうすることでほかより大幅に高い値段をつけられるようになったのだ。大量生産できる商品ではなく最高の製品をつくることに集中したおかげで、リアは生産の規模を拡大することなくたちまち利益を増やすことができた。生産の規模を拡大していたら、複雑さが増して費用も大きくなっていたにちがいない。

バスケットボールの有名監督で、5つのチームをNBAチャンピオンに導いたパット・ライリーも、彼が「もっと病」と呼ぶものについて語っている。パットは、勝っているプレイヤーが〝よりよく〟ではなく〝もっと〟にばかり関心を向けるのを再三目にしてきた。一部のスタートアップと同じだ。一度勝つとエゴが頭をもたげてきて、練習や集中など最初に勝つためにやっていたことができなくなる。そしてさらなる人気、さらなる称賛、さらなるメディアの注目を追い求めるようになるのだ。その結果、敵ではなく自分のなかの力に負ける。

ビジネスの中身に力を注いで、顧客にもっといいものを提供できるようにしていると、カンパニー・オブ・ワンは同じ作業量でより多くの利益を得られるようになる。需要と供給が釣り合うところまで値段を上げられるからだ。わたしも、クライアント中心のデザイン・ビジネスをしていたときにこれを実践した。**繰り返し料金を倍増していって、自分が使える時間よりもほんの少しだけ需要が大きくなったところで値上げをやめたのだ。**そのおかげで、利益を増やすために人を雇わずにすんだ。もっといい仕事をすることに集中しているだけでよかったのだ。そうすることで、働く時間は同じでも収入は大幅に増えた。いまでもわたしの最終目標は、規模を小さくとどめておくことにある。ショーンやリカルドと同じで、わたしも規模を無限に拡大することではなく、ビジネスをよりよくすることが成功だと考えているからだ。

あるていどのサイズを確保したうえで、もっといいものを目指してもなんの問題もない。小規模でいるのは、ただの足がかりではなく長期的な計画でもありうるのだ。

## 小さな会社は単なる出発点ではない

厳しいルールと序列のもと、オフィスで仕事をするという従来の働き方は、仕事ベースで動き、勤務場所も問わないもっと自由な働き方に取って代わられつつある。ビジネスの世界は、つねに自動化とテクノロジーによって陳腐化している。これはいいことだ。仕事のやり方が変わることで、最低限の投資、人員、時間で多くの売り上げを出せるようになるからだ。

従来、小さな会社は出発点だと考えられていた。あるいは、あまりうまくいっていないとみなされた。しかしいまは、**新しいタイプの会社があえて小さく出発して小さいままでいる。**これはビジョンや戦略を欠いているからではない。最近はひとりでも（あるいは小さなチームでも）多くのことを成し遂げられるからだ。テクノロジーは絶えず進化し、セールス・ファネルを自動化したり、倉庫やスタッフなしで商品を直送したり、機材や保管場所に投資する必要のないオンデマンド印刷を利用したりできるようになっている。

WordPressのソフトウェアは、インターネット上にあるウェブサイトの26％で利用されている。同社はサンフランシスコの**豪華なオフィスを閉鎖した。資金不足のためではなく（むしろきわめて大きな利益をあげている）、従業員がほとんどオフィスを使わずに家で働くようになったからだ。**およそ1400平方メートルのオフィスを使う人は、1日に5人ほどにすぎなかった。ひとりあたり280平方メートルは広すぎる。テクノロジーのおかげでどこにいても、またどのコンピュータを使っても仕事ができるので、オフィスやそれに付随するものにたくさん経費をかける必要がなくなったのだ。

オランダのプログラマでデジタル・ノマドのピーター・レヴェルズは、従来のビジネスのやり方を疑っている。インターネットを使って世界中のあらゆる場所で仕事をしながら（現在はタイの村にいる）、ベンチャー・キャピタルから資金援助を受けて20人を超えるチームを抱えるシリコンバレーの企業と肩を並べるほどのソフトウェアをつくっている。ピーターはオンライン・サービス、ノマド・リスト（Nomad List）を運営し、従業員を雇わずオフィスも構えずに年間40万ドルを稼いでいるのだ（ノマド・リストは、ノマドにとっての仕事のしやすさを基準に世界の都市をランクづけするサイトだ）。ノマド・リストはニューヨーク・タイムズ紙、『WIRED』、ＣＮＮ、『フォーブス』でも取り上げられてきたため、ＰＲやマーケティングのチームも必要なく、サービスをさらによくするのに集中できる。**ピーターひとりの会社で、必要に応じて数人に業務を委託するだけなので、アイデアを思いついたらすぐにそれを実行に移せる。市場に合うか否かをテストして、合わなければすぐに方向転換することも可能だ。ピーターは、ひとりのチームではるかに大きな企業を押しのけて業界のトップに立っている。**いまは住所すらない。既存のソフトウェアを使って自動化することで、数週間まとめてインターネットから離れて休みを取ることもできる。そのあいだも着実に収入は得られるのだ。

　たとえば、Ｅメールの自動化とトレーニングのコンサルティングを提供するブレナン・ダンは、カスタマイズされたセールス・ファネルを慎重に設計して戦略的に活用することで、指一本動かすことなく製品を市場に出すことができる。**ブレナンは、コンピュータさえ持たずに家をあけていても、過去最高の売り上げを更新しつづけている。**すでにシステムをつくりあげているからだ。理想的な顧客をウェブサイトに呼び寄せ、その人たちにメールマガジンを購読させて、サイト上での行動をもとにカスタマイズしたメールを送り、商品を買わせることができるのである。この仕組みのおかげで、ブレナンがいてもいなくても売り上げが入ってくる。月にわずか数百ドルの費用で使えるソフトウェア、MailChimpやDripといったEメール・サービスによって、これがすべてできるのだ。ブレナンは最初、おきまりの道を歩んでいた。従業員を雇い、オフィスを設けて、人と投資とリソースを増やすことによってビジネスを成功させようとしていたのだ。しかしいまはオフィスはなく、業務を委託する人が外部に少しいるだけだ。ブレナンが仕事に割く時間は少なくなり、経費もはるかに小さくなったが、既存のデジタル技術を使うことで収入を増やしているのである。

ソフトウェアも、かつては業務用の高価なものしかなかったり、そもそも開発されていなかったりしたものが、いまは安く利用でき、簡単に使い方を習得できて、時間をかけずに手軽に活用できる。たとえばわたしは、3万人のメーリングリストを使ってそこから収入のかなりの部分を得ているが、それにかける時間は週におよそ1時間だけだ。Googleドキュメントを使えば、世界中で編集・共有できる文書を無料で作成できるし、Dropboxのようなサービスがあれば、どんな大きさのどんなファイルでも共有できる。ＩＴ部門を持つ必要はなく、ベルリンにいるシステム管理者と契約を結んで月に1、2時間作業をしてもらうだけでいい。それに、ウェブサイト訪問者について知るには、無料のアクセス解析ソフトウェアがあればこと足りる。テクノロジーのおかげで、以前は高額の費用がかかったり大勢の人員が必要だったりしたことが、簡単にできるようになったのだ。**ビジネスを取り巻く現実によって、規模拡大を最終**

## 目的とせずにカンパニー・オブ・ワンになることが、かつてなく容易になっているのである。

## 従業員ゼロで「まともな生活」ができる時代

多くの人が、独立して働くのにはリスクがあると考えている。たしかにひとりで働くことにはリスクがついてまわるが、カンパニー・オブ・ワンでいることが従来の企業で働くことよりも高リスクだと考えるのは正しくない。

ビジネスのやり方が変化しているなか、起業が危険な冒険であるという考えも変える必要がある。いまの世の中では、学校へ行き、大学を卒業して就職し、定年まで働きつづけるというレールにのっていれば安全とはもはやいえない。数十年前とはちがって、仕事やキャリアは不安定になっている。勤続50年の社員が金時計と高額の年金をもらって退職記念パーティーで送り出される、そんな時代はとうの昔に終わったのだ。

ミルクウッド・デザインズの創業者で社長のミランダ・ヒクソンは、サンフランシスコ・ベイエリアの小規模スタートアップに向けて職場空間のデザインをしている。ミランダの仕事は、クライアント企業独自の社風とコミュニケーション・スタイルにもとづいて、意識的に職場空間をデザインすることである。ようするに企業の文化を物理的に表現するわけだ。ミランダは美しい家具を調達あるいは特注で製作したり、空間の配置を考えたり、企業が急成長あるいは縮小したときに空間を調整したりする。

1980年代に育ったミランダは、肩パッドの入った高級スーツを着て企業で働くことを夢見ていた（当時はどちらも大人気だった）。ミランダが子どものとき、父親のスティーヴ・ヒクソンが大手建築会社を解雇されて自分で仕事をはじめた。安定した職のように思われても、ビジネスや経済の状況が変わると大企業は規模を縮小する。ほとんどの従業員は、それについては何もできない。

ミランダの父親は、サンフランシスコ郊外の自宅ガレージでプロジェクト管理のビジネスを立ちあげた。そのガレージには窓がなく、家族のみんなは「箱」と呼んでいたという。「パパはどこ？　箱のなか？」といった具合だ。贅沢とはとてもいえないこの自宅オフィスには、家にあった唯一のコンピュータが置かれ、その**モニターには「経費＝死」と書いたポストイットが貼られていた。**これが父親のビジネス哲学だ。時代をはるかに先取りし、ビジネスの規模を小さく保ったまま必要なときだけ少人数のフリーランス建築家、技術者、見積もり担当者を活用していたのだ。自分ひとりの会社なので、市場が変化したときにはすぐに方向転換できて、自分がやりたい仕事をするためにニッチな領域に集中することもできた。会社を小さく（自分ひとりだけに）しておくことで、仕事時間も柔軟に設定でき、日中にミランダの水泳とバスケットボールのチームを指導して夜に働くこともできた。

ミランダは、シリコンバレーのスタートアップでキャリアを歩みはじめた。この仕事がもたらす友人関係、旅行、コミュニティは好きだったが、ガラスの天井にぶつかるのも感じていた。上層部は裕福な白人男性がほとんどだ。彼らもひらかれた態度と価値観を持つことが大切だと説いてはいたが、ミランダはつねにキャリアへの障壁を感じていた。そこで、もっと自由に自分のキャリアを歩めるようにと、思い切って独立したのだ。

「経費＝死」という父親の考えはミランダの潜在意識に染みついていて、ミランダも父親と同じように会社を経営している。塗装業者、運送業者、設置作業員、大工を必要なときだけ雇う。みんな過去にともに仕事をしたことがあるか、知り合いから直接紹介された信頼できる人たちだ。また、普通よりも高額のお金を払い、小規模プロジェクトや週末の仕事にも前向きに取り組んでもらえるようにしている。それなりの額を支払っているので、みんな標準以上の仕事をし、ミランダはクライアントから高額の料金を徴収できる。それに会社の規模を小さくしておくことで、小規模のスタートアップを対象にニッチな領域で仕事ができている。多くの従業員を抱えて経費がたくさんかかるインテリア会社は、規模の大きさを必要とするため、こうした案件は手がけられない。

高級スーツを着てオフィスで働くという子どもも時代の夢は潰《つい》えた。肩パッドが時代遅れになったからではなく、ひたすら規模の拡大を追求していたらストレスと不安がついてまわるとわかったからだ。社員を雇えば責任が生じる。社員は住宅ローンを払い、家族を養って、子どもを大学に通わせる。その収入源を確保しなければならないのだから、責任は重大だ。しかしフリーランサーと契約を結んで仕事をすれば、責任を持つのは特定のプロジェクトを実行しているあいだだけでいい。それに、フリーランサーの費用はクライアントから受け取るお金のなかに含まれている。

ミランダは、成功に必要な責任を引き受けながらも、ストレスを感じたり、ほかの人を管理するのに多くの時間を取られたりするほどの責任は抱えこまないようにする方法を見つけた。シエラ・ネヴァダ山脈のふもとの丘陵地帯に建てた小屋に長期間引きこもることもでき、生活全般のストレスも少なくなったという。

わたしは20年近くひとりで働いてきた。収入は安定し、毎年増えている。大企業やスタートアップで働く人が、経済の状況が変わるたびにリストラにあったり給料を減らされたりしているのとは対照的だ。米国国勢調査局の調べによると、**アメリカでは、従業員がいなくて年間100万ドルを稼ぐ会社（社員を抱えずにひとりでやっている会社）は、2015年に6％増えた。**また同じ調査によると、3万8029社（のカンパニー・オブ・ワン）が、ハイテクや科学から機械修理やクリーニングまで、ありとあらゆる業種で100万ドル単位の売り上げを確保している。

国勢調査局のデータからは、**ひとりで働いてまともな生活を送るのが年々容易になっていて、リスクも減っている**ことがわかる。従来は社員を雇って担当させていた仕事も、いまはフリーランサーに委託できる。それに、会社員として働くのとはちがって自分が自分の上司なので、リストラされたりジェンダー差別によってガラスの天井にぶち当たったりすることもない。需要がある質の高い仕事をしているかぎり、ひとりで働くことには無限の可能性がある。あるいは次の項で見るように、自分で判断して設ける上限があるだけだ。

## 目標に上限を設ける意味

たいていの会社は目標を設定するが、それに上限を設けようとすることはまずない。目標の下限を念頭に置いて、利益や顧客数などをどんどん増やすことに力を注ぐ。「この四半期に最低でも100万ドルを売り上げたい」、「メーリングリストの購読者を1日2000人以上増やしたい」といった具合だ。目標の最低値を設定して、それを上まわればさらによいと考えられている。

そうではなく、**目標に上限を設けてみたらどうだろうか。**たとえば、「この四半期に最低でも100万ドルを売り上げたいが、140万ドルを超えないようにしたい」、「購読者を1日2000人増やしたいが、2200人を超えないようにしたい」といった具合だ。

ビジネスのほとんどの領域では、**持続可能な魔法のゾーン**があって、それは本書の最初に示した〝十分〟という考えと関係している。あまりにも速く大きくなると、さまざまな問題が生じる。規模拡大と同じスピードで人を雇うことができない、大きくなった業務をさばける設備がないといった問題だ。目標に下限を設定することは、たとえば必要な売り上げを確保して利益を出すために重要だ。けれども、それを超える成果をあげる必要はあるのだろうか。利益を出すのに必要な額を超える売り上げがあったとして、それがどれだけ役に立つのか。会社の目標を大幅に超える成果をあげたら、自分自身にとって、ビジネスにとって、顧客にとって、いったいどのようないいことがあるのだろうか。

習慣や生産性について書く有名ブロガー、ジェームズ・クリアが、1996年にサウスウェスト航空が直面した興味深い問題について語っている。地方の小さな航空会社だった同社は、規模を拡大して全国的に存在感を示すようになっていた。当時、ほかの航空会社はほとんどが損失を出したり倒産したりしていたので、100を超える都市が同社に就航を要請した。興味深いのはそこではない。サウスウェストは、そうした要請の95%以上を断ったのである。就航したのは4つの都市だけだった。経営陣は成長に上限を設け、急激な規模拡大を拒んだのだ。

もちろん、**サウスウェストの経営陣は会社を毎年成長させたいと思っていたが、成長させすぎることも望んでいなかった。**スターバックス、クリスピー・クリーム、Pets.comとはちがって、長期的に維持できる自分たちのペースを設定したのである。そのおかげで安全を確保しながら成長でき、ほかの航空会社が苦しんでいるときも順調に経営をつづけられた。

サウスウェストの例が興味深いのは、経営陣がビジネスを維持するのに必要なことをしただけで、それ以上はしなかったことだ。進化論の視点から見れば、多くのものを蓄積するのには、おそらくもっともな理由がある。食料、水、天敵から身を守るものなどが多ければ多いほど、（自分よりも大きなものに食べられて）死ぬ可能性が低くなる。だから過去には、目標に上限を設けないことがプラスになった。そうすることでたくさん食べて身を守り、進化することができたからだ。しかし現在の社会では、制限なしに規模の拡大を目指すのは問題だ。ほとんどの人は食料や安全の確保には困っていない。それにもかかわらず、いまだにもっとたくさんのものを際限なく集めようとしているのである。この考えはビジネスを立ちあげて経営するときにも見られる。

文化的には、規模を拡大させればエゴが満たされ社会的地位が上がる。自分が所有する会社が大きくなると、隣の人よりも多くの利益を出し、多くの社員を抱えることになって、気分がよくなるのだ。ジェームズ・クリアは、新しいブログのニューズレターに1万人の購読者を確保できれば成功だと考えていた。購読者はすぐに1万人に達したが、ジェームズのブログ・ビジネスは何も変わらなかった。目標を10万人に修正し、またすぐにそれも達成したが、それでもやはり変わらなかった。目標設定の際に、外部の要因や同業者からのプレッシャーに影響を受けたくなくても、あるいは影響を受けているのを認めたくなくても、だれでも多かれ少なかれ影響は受けるものだ。集団に受け入れられ、そこで価値を認められるのは気持ちがいい。しかし、もし目標がいつもすべて自分の内面から導き出されていたら、わたしたちはいまほど規模の拡大を追い求めはしないだろう。ジェームズもいまは自分のビジネスに上限と下限を設け、一部はその仕事をする意義にもとづいて目標を設定している（外部の要因や同業者によるプレッシャーからも多少の影響は受けている）。

## 「まちがった比較」の罠

**ソクラテスは、ねたみは魂の腐敗だと言う。**わたしたちはほかの人の成功から悪影響を受けがちだ。自分をほかの人と比べることで、自分自身と自分がほんとうに望むことを見失ってしまうのである。スティーヴ・ジョブズ、イーロン・マスク、オプラ・ウィンフリーといった人たちを偶像化して、巨大帝国を築くという成功への道が自分の幸福とキャリアの成功に欠かせないと考えてしまう。

どういうわけか、ひとりでビジネスをしているときや、ビジネスが拡大していないとき、わたしたちは社会的なプレッシャーを感じる。成功に向かっていると思ってもらうために、もっと大きな会社のあとを追おうとする。「お仕事は何を？」と聞かれて自分で事業をしていると答えると、たいていこう尋ねられる。「会社の規模はどれくらいですか」。自分ひとりでやっていて、大きくするつもりもないと答えると、やや気まずい思いをする。しかし、会社を経営するのは、規模と関係なくたいへんなことだ。会社が大きくても小さくても、経営をつづけて利益を出していることは誇りに思っていい。

規模の拡大を求める外部からのプレッシャーや自分のなかの望みは、ほぼこのねたみに由来している。ほかの会社を見て規模が大きければ、その会社は成功していると思いがちだ。しかし、きわめて透明性の高い企業でも、たいてい大まかな数字やＭＲＲ（月間経常収益）しか開示していない。ここからは全体像のごく一部しか見えないし、実際の利益や余裕はわからない。月に50万ドルの収益を得ている会社でも、重要な社員が過労で次々と辞めているかもしれないし、バーンレート（資本燃焼率）は月に55万ドルかもしれない――だとすれば利益は出せていないということであり、ベンチャー・キャピタルの資金が尽きれば経営をつづけられなくなる可能性がある。

嫉妬心とうまくつきあうのはむずかしい。嫉妬はほとんどの人が感じるが、社会では受け入れられない感情だ。それに、そのせいで仕事、会社、顧客に集中できなくなる。嫉妬心に屈すれば、望めるのはせいぜい二番手になることぐらいだ。自分の道を切り拓くのではなく、ほかの人のやり方を真似することになるからだ。

**嫉妬は、まちがった比較にもとづいた感情でもある。**調理前の食材と焼きあがったおいしいパイを比べているようなものなのだ。ほかの人をうらやむとき、わたしたちが見ているのはおいしいデザート、つまり結果や完成品だ。一方で自分のなかに見ているのは、あまりおいしそうではない材料である。それを組み合わせてよい商品にするには、たいへんな作業が求められると考えている。ときにいいかげんな自分と、ほかの人のいちばんいいところを比べて、自分はだめだと思いこむ。実際には、どのような会社でも成功だけでなく失敗もしているにもかかわらずだ。

ただし、嫉妬心が役に立つこともある。自分が何を大切にしているかを知る道具になるのだ。たとえば、ほかの人が自分よりたくさんお金を稼いでいるのを見てうらやましいと思ったら、お金をもっと稼ぐことが自分にとって大切なのかもしれないと認識する必要がある。そしてよく考え、実際にそれが大切だと思ったら、もっとお金を稼げる方法を考えるべきだ。嫉妬の出所を知れば、どのように考えを改めるべきか、あるいはどこに向かっていくべきか判断しやすくなる。

古代インドのパーリ語には、〝喜〟（ムディター）ということばがある。これはねたみとは反対のことばで、「他者の幸運や成功をよろこぶ」ことを意味する（英語にこれに相当することばがないのは興味深い）。ムディターはビジネスにも役立つ。マスクやオプラのような人がいて成功していることをよろこびながらも、巨大帝国を築くやり方から影響を受けることなく、自分のビジネスを考えて経営することができるからだ。ほかの人の成功法が唯一の道ではなく、自分には自分の成功への道があるという考えを持てるようになる。

よい暮らしを営むために、また大きな影響力を持つために、世界征服を企てる必要はない。最初から最後まで小さいままでも、役に立つ仕事をすることはできる。さらなるものを目指すのではなく、よりよいものへと向かっていけばいいのだ。

# 第3章 リーダーに求められるもの

ここまでで、カンパニー・オブ・ワンの定義を示し、やみくもな規模拡大よりも暮らしの質を重視すべき理由を論じた。次は、だれがカンパニー・オブ・ワンを率いるべきか、リーダーには具体的にどのような性質が求められるのかを考えたい。これは従業員を雇わずにひとりで仕事をする起業家と、大企業のなかで自律して機敏に動くチームのリーダー、いずれにもあてはまる話だ。

カンパニー・オブ・ワンを率いるのに必要なものは、自分で必要と思っているものとは異なる可能性がある。また、リーダーシップと権力についてまわる厄介な重荷についても考え、それをいかに避けるべきかも検討する。

## 内向的でも優れたリーダーになれる

ビジネスの世界とハリウッドには、共通のリーダー像がある。カリスマ性があり、権力的で、精力的に行動するタイプの人間（ほとんどの場合が男性）だ。大声で遠慮なく発言することで、周囲の注目を集める。こうしたリーダーもたしかに存在するだろうが、リーダーがこのような人物である必要はない（とくに、男である必要はまったくない）。**カンパニー・オブ・ワンは、思慮深く、内省的で、落ち着いた人物が率いて経営することもできる。**チームで動く場合もそれは同じだ。

カンパニー・オブ・ワンにもリーダーシップは必要である。自分ひとりで仕事をするのなら、リーダーとしてサービスや製品をうまく売りこみ、クライアントや顧客とよい関係を維持しなければならない。フリーランサーなどとチームを組んで仕事をするのなら、その人たちを率いる必要もある。企業のなかにいれば、たとえ分不相応でもリーダーシップを発揮しないと、自律して動くのに必要な自由とコントロール、弾力性、スピードを確保できない。

カリスマ、すなわち魅力たっぷりに自分を売りこみ、人を動かして人を巻きこむことができる力は、リーダーが生まれながらにして持つものだと思われがちだが、実際にはそんなことはない。カリスマは必要に応じて学ぶこともできれば引き出されることもある。おとなしい人でもこれは同じだ。ローザンヌ大学ビジネス・スクールの研究によると、管理職の人たちに訓練を施してある種の性質を鍛えると、(たとえ生まれつきのカリスマ性を持っていなくても)カリスマ性が高まり、リーダーとしての総合的な能力も向上した。物語とメタファーを使い、大きな期待を持たせて、表情を工夫するだけで、だれもがカリスマ性を持って人に刺激を与えることができるのだ。

また、自分にとっても他者にとっても極端に高い目標を設定するのも、カリスマ性を高めるのに役立つ。ガンディーは有名な「インドを立ち去れ」のスピーチで、暴力を使わずにイギリスの支配から自由になると言って国全体を鼓舞した。シャープの元CEO町田勝彦は、会社が危機に瀕していた1999年に、突拍子もないことを語って従業員を激励した。消費者の需要を満たすため、2005年までにすべてのブラウン管テレビ(奥行きのある大きく不恰好な昔のテレビ)を薄型のLCDテレビにかえると論じたのだ。ただ、このような突拍子もない目標と予想を掲げるだけでは不十分だ。これが実際に達成できるという自信をともなっていなければならない。ガンディーは非暴力の抗議を幾度となく展開していた。町田は技術者たちに必要なリソースを提供して目標達成は可能であると信じさせ、技術者たちが目標を達成してくれるはずだという信頼を伝えた。

**FacebookのCEOマーク・ザッカーバーグは典型的な内向型リーダーだ。**そのため、COOのシェリル・サンドバーグの手を借りて、社会的、政治的な面の助言を仰いでいる。マークは多くの従業員や部下を自分の支配下に置くのではなく、少人数の誠実で協力的な人たちとのつながりを活用している。また、ほかのスタートアップと創業者たち（たいてい起業家精神にとても富んだ人たち）と話し、Facebookに加わるよう説得するのにも長けている。時間をふんだんに割いて相手の話を熱心に聞くことで、それを可能にしているのだ。

**ハーヴァード・ビジネス・スクールの研究によると、とりわけ高いスキルを持ち率先して動くチームを管理するときには、内向的なリーダーがうまく機能することがある。**物静かで冷静なリーダーは、人の話に注意深く耳を傾け、集中力を保ち、中断なく長時間働くのを厭わないからだ。それにこういったリーダーは、自分と同じことができる人たちのチームをうまく率いることもできる。必要なスキルを身につけることではじめて自由がうまく機能するのと同じで（この点については第1章で論じた）、小さなチームで活動するカンパニー・オブ・ワンでも、一人ひとりのメンバーが高い専門性を持つことが求められる。そうすることで、個人としても集団としてもあまり管理されなくても動けるようになるのだ。

アダム・グラント、フランチェスカ・ジーノ、デイヴィッド・ホフマンが行ったこの研究によると、内向的な人のほうがいい上司になれる可能性が高い。一方で外向的な人は、考えるより先に口が動いてしまうことも多く、チームの尊敬を失って成果を出せないこともある。ただし、内向的であろうと外向的であろうと、人の話をよく聞き、賢明で有用な意見を受け入れるリーダーであれば、信頼を築いて協力を得られるという。

外向的な人のほうが有能なリーダーになれるという考えが文化に深く浸透しているが、内向的なリーダーはこの思いこみを乗り越えなければならない。内向的な人と外向的な人の割合はほぼ同じだが、経営者や経営幹部の96％以上を外向的な人が占めている。２００６年の研究では、企業の上級幹部の65％が、内向的であるのはリーダーにとってマイナスだと考えていた。しかし、この固定観念は考えなおす必要がある。必ずしも正しくないからだ。リージェント大学の研究によると、リーダーになり、リーダーとして仕事をつづけるにあたって重要なのは、ほかの人の役に立ち、ほかの人の能力を高めたいと思う気持ちである。『老子道徳経』にまでさかのぼる〝召使《サーバント》いのリーダーシップ〟という考え方がある。会社が目標を達成するには、社員や顧客が目標を達成するのを手助けするのがいちばんだという考えだ。そのようなリーダーは、注目を集めようとするのではなく、ほかの人の成功や成果に光を当てる。サーバント・リーダーシップでは謙虚さが求められ、最終的にその謙虚さが成果をもたらすのだ。カンパニー・オブ・ワンは、ほかの人を元気にすることでチームや会社全体が元気になることを理解している。

カンパニー・オブ・ワンは穏やかな人であることも多い。**大声をあげることなく、世界をよくしようという自分の気持ちに内側から動かされて仕事をしている人たちだ。**多くの人が、自分は会社をはじめたり経営したりするタイプではない、あるいはほかの人に刺激を与えて一緒に仕事をしたりものを買ってもらったりできる人間ではないと考えている。わたし自身も社交が苦手で、集団のなかではあまり話せない。会議やパーティーなど、あらゆる場でうまく振る舞えずにいる。そこでわたしは、自分が得意なことを中心にビジネスを組み立てることにした。オンライン講座と文章でのコミュニケーションだ。自分が内向的なのを言い訳にして行動しないのではなく、内向性をプラスの方向に活用することにしたのである。そうすることで、自分の個性とスキルに合ったリーダーとしてのあり方を見いだすことができた。大人数の集団に向けて話すのは避け、一対一のコミュニケーションに頼ることにしたのだ。わたしが講演会をしないでオンライン・コースで教えているのは、内向的な性格だからだ。オンライン・コースであれば、わたしがうまくコミュニケーションをとれる手段を使うことができ、受講者とつながることもできる。

わたしにはリーダーとしての能力がほとんどないので、それがわたしのカンパニー・オブ・ワンの足を引っぱりかねない。だからわたしは、管理の必要がまったくないフリーランサーたちだけと仕事をしている。みんな仕事のやり方を熟知した一流の専門家だ。わたしはただ基本的なことを伝えるだけで、あとは任せておく。仕事を依頼する相手には完全な自由を与え、ミーティング、出社、管理は必要ない状態にしておいて、わたしも自分の仕事に専念できるようにしているのだ。もし問題が起こったら知らせて欲しいと伝えているので、何も連絡がなければ順調に仕事がすすんでいるということだ。**わたしは、社交が苦手だったりほかの人をうまく管理できなかったりという欠点を抱えているが、それをビジネスの足かせにするのではなく、**

**ビジネスに活かしているのだ。**わたしのやり方だと、人に仕事を依頼するときに普通よりお金がかかる（一流の専門家の仕事は高くつく）。しかしそれだけの価値があり、わたしのビジネスに利益をもたらしている。

## 共通のツール、明確な指示、創造性

カンパニー・オブ・ワンを率いて、ともに仕事をする人に自由に働いてもらう際には、ただ単純にルール、手順、指示をすべて取り除けばいいわけではない。そんなことをしたらアナーキー状態に陥り、収益に悪影響が出て経営もつづけられなくなる。

現在、フォーチュン1000の企業の79％と、製造業者の81％が、権限を持つチームや自主性の高いチーム、自律したチームを抱えつつも、それらのチームをなんらかのかたちで指示したり管理したりしている。自律したチームを指導する必要があるのはおかしいと思われるかもしれないが、現実には、ある種の指示は確実に必要だ。

レゴやSpotifyと仕事をしてきた経営コーチ、ヘンリック・クニベルグの考えでは、組織が完全に自律している、あるいは完全に統制されている（つまり従業員の職務が経営者の目標や指示と完全に一致している）というふたつの軸でものを考えるのはまちがっている。会社を立ちあげるにも、経営をつづけるにも、どちらの要素も少しずつ必要なのだ。カンパニー・オブ・ワンのリーダーは、従業員の自由を確保しながら、それと同時に全体の調整をはかり、共通の目標を追求できるようにする役割を担う。この微妙なバランスを見いだすのは簡単ではない。

Hudl(スポーツ・チーム用ソフトウェア会社)のデザイン担当副社長、カイル・マーフィーは、同社に社員第一号として入社した。Hudlはこの9年間で600人を超える社員を抱えるまでになっている。創業直後、同社には「度を越えた自由」が見られたという。各チームがやりたいことをやっていて、仕事が重複したり、ほかのチームがつくっているものと合わないものをつくったりしていたのだ。そのせいで社内はカオス状態に陥っていた。カイルはすぐに、全社的な仕組みが必要だと気づく。これは、社員の創造性や独創性を抑えつけようということではない。**共通の枠組みと方針を示す必要**があるということだ。

カイルのデザイン・チームは、社内で必要とされるデザインをすべて手がけられるだけのデザイナーを確保できずにいた。そこでカイルは、デザイン・チームの仕事のやり方を見なおした(ちなみにこのチームは、おおむね水平的な集団だった)。ソフトウェアのビジュアル要素(ボタン、色、フォントなど)に共通のスタイル・ガイドを適用するなど、ルールを設けて構成要素を共有することで、少人数のデザイナーで多くの仕事をこなせるようにしたのだ。カイルはまた、フィードバックと見なおしの方法も合理化し、短時間でそれをできるようにした。ようするに、人を雇うことで問題を解決しようとするのではなく、手順や仕組みを工夫することで、少人数で多くのことを処理できるようにしたわけだ。それと同時に、社員が共通のツールを使いながら自分のやり方で自律して問題を解決できるようにもした。

自由は悪用されかねない。フレックス・タイムや在宅勤務といった働き方を従業員が悪用することが問題なのではない。指示を与える必要がないとリーダーが思いこんでしまうのが問題なのだ。リーダーの仕事は明確な指示を与え、そのうえで身を退くことである。カンパニー・オブ・ワンにも、指示や決められたやり方は必要だ。この共通の制約があるからこそ、創造性を発揮して目標を達成することができる。調整には細心の注意が必要だ。自由と束縛のあいだではなく、手引きと信頼のあいだでバランスをとらなければならない。手引きをしすぎるとチームはそれに頼るようになり、リーダーの存在が意思決定の遅れを招く。あまりにも何もしなければ、混乱状態に陥る。最適のバランスを確保することで、優秀なチームが力を発揮し、会社に最大限の利益と斬新で驚くべき成果をもたらすのだ。

従業員がいない会社でも、制約はやはり必要だ。クライアントのきわめて具体的な要求に応え、正確に機能する製品を求める顧客を満足させるにあたっては、決まったやり方、システム、繰り返し使える構成要素（コード、マーケティングの文言、ビジュアル）を利用すればするほど、仕事をよりよく、より速くこなすことができ、必要な時間や人も減らせる。それと同時に、収入、成果、顧客は増やすことができる。

## 専門性を生かすために必要なスキル

学校や職場では、専門性を高めることが成功の鍵だと教わることが多い。わたしたちは、若いときから特定の職につながる道を選ぶよう求められる。職場でも、与えられた仕事をこなすのに求められるスキルはひとつであることが多い。これはひとつの分野で専門家になるのには役立つが、カンパニー・オブ・ワンが仕事をコントロールするには、さまざまな分野に通じ、多様なスキルを持っている必要がある。

**ゼネラリストとして望ましいのは、まず専門性を高め、必要に応じて補助的、補完的なスキルを追加していき、最終的に仕事の特定の部分だけでなく全体あるいはほぼ全体を理解することだ。**とくに自分ひとりで事業をしているときには、これが当てはまる。サービスを提供したり商品をつくったりするのに使うスキルも必要だが、それだけでなく、マーケティング、簿記、セールスといった側面の重要性もよく理解しておかなければならない。

ビジネスの世界では、条件が完璧に整っていることはまずない。たいてい理想からはほど遠く、市場、トレンド、消費者需要はつねに変化する。ビジネスの世界では、流行にのってスペシャリストが活躍することもある。たとえば、Y2K問題が迫っていた1999年には、COBOLプログラマの需要が高まった。しかし2000年1月1日になると、この需要はたちまち消えてなくなった。それとは対照的に、どの言語でもコードを書けるゼネラリストのプログラマには、1980年代にコンピュータが盛んに使われるようになってからいままで、ずっと需要がある。幅広いスキルを持つことで、つねに必要とされてきたのだ。

『エヴォルーショナリーズ』(*Evolutionaries*、未邦訳)の著者カーター・フィップスは、「たくさんのことを少しずつ」知ることが求められつつあるなか、ゼネラリストは引きつづきビジネスで成功するだろうと述べる。したがって、ゼネラリストとスペシャリストの両極のあいだでどこに位置するかが、カンパニー・オブ・ワンとしての生き残りにとって最も重要だともいえる。イェール大学で教えるヴィクラム・マンシャラマニは、専門性が過大評価されていると論じる。ハードサイエンスなど、専門知識が求められる領域はたしかに存在する。しかし、現在のビジネスの世界では(あるいはカンパニー・オブ・ワンでは)、専門知識だけあってもほかのことを何も知らなければ役に立たない。不確実で曖昧な要素があまりにも多く、指標もあてにならないからだ。いまの時代には、ゼネラリストの考えを持ち、多くのことを理解しておくことが求められる。

ゼネラリストのカンパニー・オブ・ワンが成功するには、仕事のさまざまな側面を理解しておく必要がある。**リーダーは核になる一連のスキルだけを習得していればいいわけではなく、ビジネスの仕組み全般を把握していなければならないのだ。**なかでも、カンパニー・オブ・ワンのリーダーが出発点とすべき、あるいはすすんで育むべき一般的な性質がいくつかある。

## 【心理を理解する】

カンパニー・オブ・ワンにとっては、人の考えを理解することが決定的に重要だ。製品やサービスについて、人が意思決定をする過程や理由を知っておく必要がある。自分がつくったものを買ってもらうにはどうすればいいのか。どうして顧客は迷うのか。みんな何に価値を見いだして生活しているのか。商品を買ってもらえた場合、どうすればその顧客に満足してもらえるか。自分のビジネスのなかで活発に動いているのはどこで、それはなぜだろう。こうした重要な要素を理解することで、よりよいリーダー、営業担当者、マーケティング担当者になれる。

## 【コミュニケーション】

自分のことをコミュニケーターや作家だと思っていなくても、たいていの人は一日のかなりの時間を割いてものを書いている。Eメールからツイート、電話での会話まで、あらゆることがコミュニケーションだ。わかりやすくコミュニケーションをとる方法を学べば学ぶほど、リーダーとしての能力も高まる。指示をよく理解してもらえるようになるからだ。

## 【弾力性】

イギリスのジャーナリスト、マイルス・キングトンが、こんなことを言っている。「知識とは、トマトがフルーツであると知っていることだ。智慧とは、トマトをフルーツサラダに入れないことだ」。たくさん知識を持っているからといって、智慧があることにはならない。データや経験が豊富にあっても、やはりコントロールできない要因はたくさんある。実のところ、ビジネスの多くの部分は推測にもとづいている。したがって、失敗したときに巻き返しをはかり、チームに活気を取り戻せることが大切だ。失敗は必ず起こるからだ。

## 【焦点を絞る】

カンパニー・オブ・ワンのリーダーは、手際よくノーと言う達人にならなければいけない。チャンス、仕事、気をそらすもの、企画、ミーティングなどがしきりにやってくるなかでは、**ノーと言うことが有効な戦略になる**と知っておく必要がある。ビジネスやチームのためにならないことにはすべてノーと言うことで、よりよいチャンスに集中する余裕を確保できるのだ。さまざまな選択肢をすばやく評価して、どれを選んでどれにノーと言うかを判断できるようにしておかなければならない。

### 【決断力】

意思決定は心に大きな負担がかかり疲れる作業だ。決めることにうんざりしてくると、望ましくない決定をするようになる人が多い。**ストレスになる大きな決定を、処理しやすい小さな決定に分ければ、もっとすばやく、かしこく、ストレスの少ないかたちで方針を決められる。**

### 「たくさん」ではなく「よりよく」

カンパニー・オブ・ワンを率いるには、弾力性、自由とコントロール、スピード、シンプルさを高めることが重要だ。しかし、注意してそれをすすめなければ、大きな問題が生じかねない。

Googleで検索すると、起業家精神における〝がんばり〟(hustling)についてのサイトが50万件以上ヒットする(ちなみに、リック・ロスのラップに出てくる〝毎日がんばっている〟というフレーズは、この検索結果には含まれていない)。どういうわけか、自分で事業を営むことと毎日限界まで働くことが、分かちがたく結びつけられているのだ。たくさん働けば働くほど、よく働いていることになるとでもいうかのようだ。第2章で論じたように、〝もっと〟は〝よりよく〟ではない――〝よりよく〟は〝よりよく〟だ。時間と労力をかけてスキルを身につければプラスになることもあるが、バランスが大切である。がんばりすぎで睡眠不足になり、仕事のせいで健康、家族、友人を犠牲にしているのなら、確実に休みを取るべきときだ。

Appleのテレビ番組『アプリケーションの世界』で、ある出演者が言っていた。「子どもの顔を見ることはほとんどないね。そうなる可能性があるってことを承知のうえでやらなきゃいけない」。ほんとうにそうだろうか？　ほかのすべてに仕事を優先させるというこの種のがんばりは、カンパニー・オブ・ワンの考え方とは相容れない。カンパニー・オブ・ワンは、たくさん働くのではなく、よりよく働くべきと考える。デイヴィッド・ハイネマイヤー・ハンソンは、テクノロジー企業や大企業で成功するにはワーカホリックにならなければいけないという考えに反対するカンパニー・オブ・ワンだ。有名なRuby on Railsというウェブ・フレームワークをつくったデンマーク人プログラマで、ソフトウェア開発会社Basecampの共同経営者でもある。ハンソンは、長時間労働が成功への唯一の道だというパラダイムを忌み嫌う。ハンソンの考えでは、長時間働けというプレッシャーは、上層部から伝わってくるだけでなく、会社の外に向かっていくなかで大きくなる。ハンソンは、企業が従業員にがんばらせるのをやめる必要があると考えている。仕事のほかにも生活があり、睡眠と休息が大切で、もっと落ち着いた働き方をすべきだという考えを従業員に浸透させなければならないのだ。

ワーカホリックということばは、1971年に心理学者のウェイン・オーツが提唱した。これは、がんばりすぎの典型例を表す用語だ（ウェイン・オーツ『ワーカホリック——働き中毒患者の告白』小堀用一朗訳、日本生産性本部）。ワーカホリックの人たちは働きすぎて、そのせいで健康や人間関係に支障をきたす。興味深いことに、オーツによると、がんばり屋がそうでない人より大きな成果を出すわけではない。はっきりしているのは、がんばりによって仕事上のストレスが増え、仕事と生活が衝突し、健康が悪化するということだけだ。オーツの研究では、ワーカホリズムと収入や自己効力感のあいだに結びつきは見られなかった。

フリーランスのデザイナーや開発者を企業とつなぐ会社Crewは、決まった時間に働くことを社員に求めていない。社員が朝9時から夕方5時まで1日8時間働くことを想定してはいないのだ。それぞれ元気と集中力がある時間帯に、現実的にこなせる量の仕事を終えるのに必要な時間だけ働くよう社員に自分でスケジュールを決めさせている。かける時間よりも、やり遂げる仕事の中身を重視しているわけだ。

よい結果を出すために、長時間働くよう社員や自分にプレッシャーをかける必要がほんとうにあるのだろうか？　同じかもっと短い時間で、よりよく仕事をこなせるようになればいいだけではないか？

カンパニー・オブ・ワンには、状況にいつもすばやく反応する力がある。ただ、この力を発揮するには、つねに警戒しておくことが必要だ。成功につれてチャンスも訪れる。そのほとんどが、成長や規模拡大のチャンスだ。カンパニー・オブ・ワンにとどまり、自分や上層部が設定した成功にこだわりつづけるには、目的にかなわないチャンスを拒まなければならない。カンパニー・オブ・ワンは、ノーと言うべきことには毅然とノーと言う必要があるのだ。企画、タスク、会議、Eメールなどは、最初はチームにとって生産的だと思えるかもしれないが、うまく管理されなければたちまち逆効果になる。**目的に合わないものにノーと言うことで、目的にかなった貴重なチャンスにイエスと言える余地を確保できる。**自分のビジネスの価値観や考え方と一致するチャンスが訪れたときに、イエスと言えるわけだ。

## 「成功」も「失敗」も隠さない

歴史家のヘンリー・アダムズは、権力は腫瘍であり、それがやがて同情心を殺すと言う。かなり厳しい主張のように思えるかもしれないが、これには心理学と神経科学の研究による裏づけもある。

マクマスター大学の神経科学者スクヴィンダル・オブヒが、「権力の逆説」ということばを提起している。これは、リーダーになって権力を獲得したときに見られる逆説だ。権力を獲得するには、たとえば共感、自己認識、透明性、感謝といった力が求められるが、権力を獲得すると、人はこうした力の一部を失ってしまうのである。カリフォルニア大学バークレー校で心理学を教えるダッチャー・ケルトナー教授も、20年にわたってリーダーの行動を研究し、同様の結論を出している。人をリーダーにさせるまさにその素質が、リーダーになると失われていくのだ。

会社の規模にかかわらず、企業のリーダーは疲れ知らずでなければならないという神話がある。わたしたちはこうした考えにとらわれがちだ。企業家の世界には、ワーカホリック状態で働き、仕事と会社のためにすべてを犠牲にするのがいいことだという考えがある。また、会社全体の重荷と責任をひとりで背負うという考えも浸透している。

絶望的な考えだと思われるかもしれない。しかし、Moz（SEOとマーケティング・データを分析する会社）の元CEOで現〝ウィザード〟のランド・フィッシュキンは、きわめて楽観的だ。ランドはMozをひとつのブログからコンサルタント会社、さらにはプロダクト・ビジネスへと次々と成長させ、2006年に30万ドルだった売り上げは2014年には4800万ドルに達した。数年連続で毎年100%売り上げを増やしたのである。社会とビジネスのあらゆる基準で見て、ランドはリーダーとして成功したと思われた。しかしランドは心を病み、鬱状態になってMozのCEOを辞めざるをえなかった。このつらい経験を経て、ランドは大小のビジネスを率いるのに必要なことを数多く学んだ。そのほとんどは、従来のビジネスのアドバイスや〝疲れを知らないリーダー〟の神話とは相容れないが、科学的な研究によって支えられている。ここで、リーダーになるにあたって自己認識、共感、感謝が果たす役割について考えてみよう。重要なことに、これらは健全なリーダーとしての役割を担いつづけるのにも求められる性質である。

ランドが最初に学んだのは、自己認識が絶対に必要だということだ。自分のことに気づく力、たとえば、自分の鬱状態に気づく力を育むことで、いわゆる権力の腫瘍を取り除いたり和らげたりすることができる。自分自身のことについて、また自分を突き動かすもの、外からの動機づけのほかに自分を個人的に動かすものについて知れば知るほど、さらに健全なリーダーになれるよう自分を最適化できるのだ。

わたしたちはみんな人間であり、**人間はみんな不完全だ。それを認めれば、リーダーは万能でなければならないという考えを打ち壊し、修正することができる。**リーダーとしてのわたしたちの仕事は、自分のことを認識して、定期的に自分の状態をチェックすることだ。ランドは毎週金曜日に30分間、妻のジェラルディンと過ごして、その週の心配事やストレスを包み隠さず話すことにしている。家族以外の人や専門家の助けを求める人もいるだろう。人に話して問題解決を手助けしてもらうことなく、自分ひとりでリーダーとしての仕事とストレスを抱えこみ、場合によっては会社全体の重荷を一手に引き受けなければいけないと考えるのはばかげている。必要に応じて重荷をほかの人と共有することで、カンパニー・オブ・ワンをつくり維持するのに大きな役割を果たす弾力性を培うことができるのだ。

カンパニー・オブ・ワンも、すべてを自分でやろうとしたり、何もかもをひとりで処理しようとしたりすべきではない。それに、独立して働いているからといって、自分ひとりで働いていると考える必要もない。ランドは言う。「トニー・ソプラノ（テレビ・ドラマ『ザ・ソプラノズ――哀愁のマフィア』の主人公のマフィア）にセラピーが役立つのなら、きみにだって役に立つ」

共感はオブヒの権力の逆説のなかで大きな位置を占める要素であり、これについては第7章でさらに詳しく取り上げる。共感は、ブレネー・ブラウン博士によると、人とと̀も̀にある感情である。しかし多くの急成長企業では、あらゆる手段を用いて必要な成長を成し遂げるために、リーダーは人間関係から距離をとり、人をリソースとして使うことに集中しなければならないと思われている。問題は、チーム内で何がモチベーションを高めたり低めたりするのかを感じ取れなくなったリーダーは、もはやリーダーとして機能できなくなることだ。

最後に、**リーダーは感謝を示す必要がある。**ペンシルヴェニア大学ウォートン校のアダム・グラントによると、業務委託先、従業員、同僚に感謝すると、はるかに積極的に仕事に取り組んでもらえるようになり、生産性も高まる。感謝の気持ちをちょっとした手段で示すだけでも効果があるという。感謝をこめたEメールを送ったり、公の場で評価したりといった具合だ。たとえば、Hudlのカイルは、会社に最も大きなインパクトをもたらしたデザイナーに賞を与えている。ケルトナーの研究によると、プロスポーツの世界でも、選手同士でハグをしたり拳をぶつけあったりすることでチームのパフォーマンスが向上し、ひとシーズンにつき2ゲーム近く多くの勝利を収められるようになるという（プレイオフ進出を左右しかねないちがいだ）。

ようするに、**自己認識を持ち、自分の成功と失敗をどちらも隠さずに**、ともに働く仲間に共感して感謝の気持ちを示すことで、リーダーシップの〝権力の腫瘍〟を治療できるのである。ほとんどの問題は、疲れを知らないリーダーを美化することから生じる。失敗や欠点が無視され、それを修正したりそこから学んだりすることができないからだ。

ランドがリーダーシップについて楽観的なのは、これらの性質が徐々に企業や起業の文化に浸透しつつあるからだ。いまではGoogle、Facebookから、ゼネラル・ミルズ、フォード、さらにはゴールドマン・サックスまで、さまざまな企業が、リーダーシップから生じる問題を修正してその改善に取り組む研修プログラムを実施している。まだまだ道のりは長いが、大きく前進はしているのだ。リーダーを英雄視する神話から離れて、リーダーもまたほかのみんなと同じ不完全な人間だとみなされるようになってきている。

# 第4章

# 「規模拡大」ではない「成長」

過剰でやみくもな規模拡大がビジネス失敗のおもな原因だとしたら、どうすればそれを避けながら会社を立ちあげて経営していけるのだろうか。

規模の拡大は、たしかに魅惑的でエキサイティングだ。たくさんお金を稼ぎ、顧客を増やして、全国メディアの注目を浴びる――それ自体は悪いことでもまちがいでもない。ただ、意味ある長期的な戦略とのあいだでバランスをとる必要がある。多くの〝グロース・ハッキング〟(シリコンバレーのことばで、テクノロジー業界で企業が目指す急成長を指す)では、強引でときにいかがわしいやり方で規模の拡大が追求される。その結果として、多くの顧客が離れていくにもかかわらずだ。

たとえば、会社のウェブサイトの全ページに、無料記事にアクセスさせるポップアップ・メッセージを表示させれば、メーリングリストの購読者数を増やすことはできるかもしれない。しかし、メールをひらいてくれる人は少なく、購読をやめる人は多いだろう。その結果、正味の成長はごくわずかかマイナスになる。カンパニー・オブ・ワンの考えでは、関心を持ってもらいたい人たちにとって価値のある、充実した内容のニューズレターを提供するほうがいい。購読者数は少なくなるかもしれないが、メールをひらいてくれる人や購読をつづけてくれる人は多くなるはずだ。

フォーチュン５００の企業のコンサルタントであり、講演者としても成功しているケイト・オニールは、カンパニー・オブ・ワンが目指すべき意味ある成長がどのようなものか理解している。ケイトはNetflixや東芝といった企業に、データを使って顧客満足度を高める方法を伝えている。この戦略では、成長は顧客満足度を中心に据えて慎重に計画した結果もたらされる。

ケイトのすごいところは、データを見てそれを人間の経験に当てはめることができることだ。グロース・ハッキング企業は急激にユーザーを増やすのに力を注ぐが、そこにパターンがあることにケイトは気づいた。**顧客を集めることを優先しながらも、どのような顧客を求めているのか、あるいは獲得したあとの顧客にどのような体験をしてもらいたいのかがはっきりしない**のだ。成功の唯一の指標は規模の拡大であるという考えは、規模拡大にほんとうの理由がなければ、あるいは獲得したあとの顧客をサポートする方法がなければ、なんの役にも立たないとケイトは言う。ほとんどの企業は、そのように急激に規模を拡大しなくても利益を出せる。たしかに、Airbnbのような企業は大量の取引先とともに出発する必要がある。Airbnbは、たくさんの宿泊先を確保していなければ、市場で影響力を持つことはできなかった。しかし、ほとんどの企業は、それほど大きな市場シェアがなくても出発できる。

Magazines.comで働いていたとき、ケイトは顧客獲得戦略を統括していた。ケイトが着任する前、同社は規模を急速に拡大して顧客を増やす戦略をとっていた。顧客が増えれば収入も増えると考えていたのだ。しかし、収集したデータをケイトが検討したところ、ユーザーを増やすより既存ユーザーを維持するほうが安くあがるとわかった。**購読者数を増やそうとするよりも、購読をやめる人の数を減らすほうが、多くの利益を確保できる**のだ。ビジネス・モデル全体が購読の更新にかかっていたので、同社は考え方を完全に転換する必要があった。新規の顧客を絶えず探し求めるのをやめて、既存の顧客が満足して翌年も購読を更新するようにしなければならなかったのだ。ケイトは、新規の顧客数よりも購読更新者数のほうが成功の指標としてはるかに重要であることを（それに、顧客を引きとめるほうが新たに獲得するよりもはるかに費用がかからないことを）会社に示したのだ。また、Magazines.comは既存の顧客にアピールできるようウェブサイトに表示されるメッセージを変更し、更新の際の特典を増やして、購読者へのカスタマー・サポートを充実させた。

ケイトは、顧客獲得のために顧客満足度を犠牲にする企業を幾度となく目にしてきた。これは長期的にうまくいかず、会社を立ちあげる際の戦略として適切とはいえない。

## なぜ規模を拡大したくなるのか

意外に思われるだろうが、小さくはじめて小さいままでいるには、最初から規模拡大についてよく考えておく必要がある。どうしてほとんどの企業は規模を拡大させるのか。カンパニー・オブ・ワンを立ちあげるときに、その問いを検討するところからはじめれば、同じく拡大の道をたどるべきか否かを判断できる。**ほとんどの企業は、４つの理由から規模を拡大させる。インフレ、投資家、顧客離れ、エゴだ。**それぞれを検討することで、今後、下さなければならない決断の準備ができる。そうすれば、社会的な圧力やビジネス上のプレッシャーのせいで心が揺れて、望ましくないことやビジネスにふさわしくないことをしてしまうのを避けやすくなる。

インフレは、ビジネスにつねについてまわる。何もかもが、やがていまよりも高くなる。祖父母の時代には炭酸飲料が５セントで買えたが、いま自動販売機で同じ値段で買うことはできない。わたしの両親は、１９８０年代はじめにトロント郊外でベッドルームが３つある家を５万ドルで買った。いまだと、その値段では小さなワンルーム・マンションの一室すら買えない。インフレは必ず起こるものであり、ビジネスがそれについていけなければ利益は減る。単純な解決策は、インフレについていけるように毎年値段を上げて、インフレ分よりも高い収益を得られるところに余分な利益を投資することだ（つまり、稼いだ利益の大部分を０・００１％の利息しかつかない銀行口座に眠らせておくのは得策ではない）。

ビジネスが規模の拡大を目指す最大の理由は、投資家の存在だ。これは、投資家が会社を所有していても同じである。**ベンチャー・キャピタル企業がいまあなたの会社に100万ドル投資したとすると、数年のうちに少なくとも3倍の見返りを求める**（アーリー・ステージの投資家なら、さらに多くを要求するだろう）。この目標を達成するために、過剰に規模を拡大しなければいけなくなるのだ。自己資金を投じて会社をはじめても、リスクに見あった見返りが欲しくなる。しかし、先行投資を少額かゼロに抑えて小規模でビジネスをはじめれば、会社の経営に集中でき、顧客にとってもっといいものを提供することに力を注げる。投資の回収を絶えず意識しなくてもよくなるのだ。

先に少し触れたように、既存の顧客がもう顧客でいたくないと決めたときに、顧客離れが起こる。そうなると、新しい顧客を獲得して減った分を埋め合わせなければいけない。離れていく顧客のほうが獲得する顧客よりも多いと、業績は悪化する。ケイト・オニールの項で見たように、企業はたいてい顧客が離れると新しい顧客を増やそうとする。既存の顧客が離れる理由をつぶそうとはしない。イーコンサルタンシーとレスポンシスの「クロス・チャンネル・マーケティング・レポート」によると、**新規の顧客を獲得するには、既存の顧客を維持する5倍の**

**コストがかかる。**既存顧客の維持よりも新規顧客の獲得を優先させて成長を促すことは可能だが、これはきわめて高くつくやり方だ。同じ調査によると、企業はいまだに既存の顧客を引きとどめるよりも新しい顧客を見つけることに力を注ぎがちだという。

ほとんどの企業が規模拡大を目指す理由として、最後にあげられるのがエゴだ。これは最も厄介な理由でもある。乗り越えるのがむずかしいからだ。社会では大企業を所有する人が影響力と尊敬を得るので、大きな会社をつくることが目標にされる。多くの人が大企業の経営者になることを夢見るが、みんな大局的に物事を見ることができておらず、規模拡大が私生活に与える影響を考えていない。自分がやりたい仕事ができなくなる可能性すら考慮に入れていないのだ。規模が大きくなると複雑さが増し、人間関係に緊張が生じて、ストレスがどんどん増えていく。だれもが「経費＝死」というポストイットをコンピュータのモニターに貼りつけている父親のもとで育つわけではない。規模を大きくしたがる理由を考えると、ほんとうの自分よりも尊敬に値する人物だと思われたいからだという結論に達するかもしれない。そもそもどうしてビジネスをはじめたのか、それをはっきりさせると、たいていエゴを乗り越えられる。

拡大に集中せずに規模を小さくとどめておけば、**ビジネスの核にあなた自身の誠実さと個性を保つ**ことができる。そうすれば、自分にふさわしく、顧客に役立つかたちで、ビジネスやチームを運営しやすくなる。

『企業のカナリア』（*Corporate Canaries*、未邦訳）の著者、ゲイリー・サットンは言う。「利益の出ていない会社を売って手放すことはできない」。したがって最初から、つまり最も規模が小さいときから、収益性に焦点を合わせてカンパニー・オブ・ワンをはじめることが欠かせない。成功の目安は、規模拡大だけである必要はない。もっと個人的で、あなた独自のカンパニー・オブ・ワンに焦点を合わせた目安があってもいいのだ。たとえば商品の質、従業員の幸福、顧客の満足と維持などで、さらに大きな目的が目安になることもある。

## アイデアの最小バージョンではじめる

ビジネスをはじめるとき、人はまちがったことに力を注ぎがちだ。オフィス、規模、ウェブサイト、名刺、コンピュータといったものである。収入が得られるようになってから、支出を増やしたり、もっと大きなアイデアを加えたりするのはいい。しかし、アイデアを実行に移すのに最初から多くのお金、時間、リソースが求められるのなら、おそらくあまりにも早い段階で大きなものを考えすぎているのだ。いますぐに安くすばやくできるところまで規模を縮小してはじめ、それを繰り返すようにしたほうがいい。

コメディアンのスティーヴ・マーティンも、最初からまちがったことに集中してしまう過ちについて同じような考えを持っている。マーティンは、駆け出しのコメディアンから繰り返しこんなことを尋ねられるという。「エージェントはどうやって見つければいいんですか」、「顔写真はどこで撮ってもらったらいいでしょう」、「どのコメディ・クラブで仕事をはじめるべきですか」。マーティンの考えでは、尋ねるべき質問は、「どうしたらコメディがほんとうに上手になりますか」、ただそれだけだ。

カンパニー・オブ・ワンをはじめるには、**まずあなたのアイデアの最小バージョンを考えて、それをすぐに実現できる方法を見つけるべきだ。**自動化はあとですればいい。規模の拡大も、もしそれが望ましいのなら、あとですればいい。設備や工程などもあとで整えればいい。時間やお金を大量に投じることなくテストをして、最初はわずかしかいなくても、ちょっとした知人が顧客になったときに何が起こるかに注目する。〝なぜ彼らは買ったのか〟、〝購入の動機は何だったのか〟、〝どうすればずっと満足してもらえるだろう〟、そして最も重要なのが、〝どうすれば彼らの成功を手助けできるか〟。

最後の点を強調するために言うならば、あなたが利益をあげていようがいまいが、顧客には関係ない。しかし、あなたが売るものが顧客の利益につながるのなら、その顧客はあなたのビジネスから離れないだろう。ずっと顧客でいて、おそらくほかの人にも顧客になるようにすすめるはずだ。顧客との関係を単に取引として考えていたら、もっぱらの関心は、どれだけの量をどれだけ頻繁に売ることができるかに向けられる。他方で、新規顧客との関係を実のある人間関係として育もうとすればするほど、また顧客をどう手助けすればいいかがわかればわかるほど、相手が引きつづき顧客でいてくれる可能性が高くなる。顧客の成功が、利益を生むカンパニー・オブ・ワンの土台なのだ。

アレクサンドラ・フランゼンは数冊の本を書き、ここ10年のあいだに『タイム』、『フォーブス』、『ニューズウィーク』などにも寄稿してきた。以前、アレクサンドラはラジオ放送の世界でフルタイムの仕事をしていた。**その仕事を辞める数日前に彼女がしたのは、オフィスを借りることでも名刺を注文することでもなかった。知り合い一人ひとりにEメールを書きはじめたのだ。**両親、友人、大学時代の教授、元同僚、インターネット上の友だち……考えつく人みんなにだ。一人ひとりに個人的に宛てたメールでは、ラジオの仕事を辞め、これからフリーランスのライターとして働く予定であり、新しい仕事に向けて準備が整っていると伝えた。

アレクサンドラはまた、どのような仕事を探しているのかも書いた。その週の終わりまでに60人にメールを送り、ほぼ全員から返信があった。連絡を取るべき人を紹介してくれたり、仕事の誘いをくれたりしたのだ。アレクサンドラは3件の小規模プロジェクトから出発し、それがさらに3件のプロジェクトにつながった。最初に仕事をくれたクライアントが新しいプロジェクトをまた依頼してきたり、ライターを探しているほかの人を紹介してくれたりしたからだ。そこから仕事が雪だるま式に増え、いまでは1年先まで予定が埋まっている。アレクサンドラは規模拡大や利益を念頭に置いて仕事をはじめたわけではなく、次の数ステップがどうなるかをあらかじめ考えていたわけでもない。お金を払ってくれる顧客がすぐに見つかるところからはじめたのだ。そのうえで、利益をもとにして、支出を（少しだけ）増やし、仕事に必要なものを購入した。

新しくビジネスをはじめると、一刻も早く無名の状態から抜け出さなければいけないと感じがちだ。無名であるということは、顧客になる可能性がある人に知ってもらう機会が少ないということだ。しかし、**人目につかないところで小さくはじめるのは、このうえなく望ましいやり方である。経験を積み、ビジネスのアイデアを試すことができるからだ。それに、うまくいかなかったときの目撃者も少ない。**小さくはじめたときが、自分のビジネスがほんとうは何であり、なぜ特定の人たちにものやサービスを提供するのかを知る絶好の機会だ。知名度を上げようと無理に急ぐ必要はない。

カンパニー・オブ・ワンをはじめるには、いまできることをするという考えを受け入れる必要がある。これはたいてい、将来の理想よりも低いものを受け入れることを意味する。最も小さく最も敏捷《びんしょう》な状態ではじめる。顧客は少なく（あるいはいなくて）、手順は確立されておらず、知名度も低い。小規模にとどめながら、予想ではなく実際の利益をもとに判断して意味ある成長をしていると、経営ははるかに安定する。

わたしたちは、デジタル商品を発売するとき、すべてが整っていないといけないと思いがちだ――すべてのシステム、自動化、手順が揃っている必要があると考えてしまう。公開する前に、すべてを磨きあげて完璧にしておきたいと思う。しかしたいていの場合、実際にはそんなことは不可能だ。すべてが完璧に整うのを待っていたら、害が生じたり発売が遅れたりするだけだ。

「必要なもの」としてリストアップしたものを、すべて揃えてからビジネスをはじめることはできない。そんなことをしようと思っていたら、何も先にすすまない。それに、必要と思っているものがあっても、それはあなたがつくったものをほかの人が買って使うなかで変わっていく可能性がある。**ほんとうに「必要なもの」とは、それがなければアイデアがそもそも成立しないものだ。**たとえば、医療関係に特化したSEOのコンサルティングをしたいのなら、まずSEOを徹底的に理解して、それが病院のウェブサイトにどういう意味を持つのかを把握しておく必要がある。それがなければ、病院の役に立つことはできない。しかし、オフィスは必要だろうか。家で仕事をしたり、安いコワーキング・スペースを使ったりすれば、それで十分ではないか。たいていの人とはオンラインでつながるのに、見ばえのする名刺は必要なのか。契約書や書類はぜんぶデジタルで送るのに、プリンタはなければならないのか。これらはすべて、「あったらいいもの」だ。ビジネスが軌道にのったあとに準備すればいい。

第3章で取り上げた企業Crewは、フォームをひとつだけ載せた1ページのウェブサイトから出発した。そのウェブサイトをもとに、手作業でデザイナーやプログラマを企業とマッチングしていたのだ。やがて収入の増加とともに、マッチングの数を増やせるようにソフトウェアと自動化の仕組みを整えた。しかし最初は、まず1社が必要とするフリーランサーを見つける手助けをするところからはじめた。そうすることで、マッチング・サービスのアイデアをすぐに実行に移してテストすることができたのだ。**いますぐにはじめられる規模にアイデアを縮小するということ、それはすなわち、手元にあるものを使い、自分の能力が及ぶ範囲でできることをして、すぐに人の手助けをするのに集中するということだ。**あなたの会社に専門知識があり、それに加えて、たとえばガムが1枚、クリップがひとつ、麻ひもが1玉あったとしたら、それを使ってだれを手助けできるか考えればいい。

ようするに、小さくはじめようということだ。あなたのアイデアの最小バージョンからはじめて、それを実現できる道を探る。大勝利を（場合によっては何年も）待つのではなく、小さな勝利を利用して前にすすめばいい。実際、ビジネスをはじめるには、それがはるかに賢明なやり方だ。「規模の拡大がすなわち成功である」という考えを手放せば、ずっと早くスタートを切り、もっと多くの利益を出せるようになる。

## ビジネスの核を丸裸にし、強みに集中する

規模の拡大と成功の関係について、考えなおす必要がある。成長を疑問視すること、あるいは規模拡大を疑問視することは、同じ状態にとどまって変化しないことではない。大きな成長を望まない企業も、絶えず学び、適応して、質を高める必要がある。生活費、人件費、備品費、材料費、旅費――すべて年を経るごとに値上がりしていく。カンパニー・オブ・ワンは規

模拡大に反対するわけではない。ビジネスのどの領域をどのタイミングで拡大するのが最も適切か、それを見きわめる必要があるとわかっているのがカンパニー・オブ・ワンだ。規模は効率性を生むこともある。また、量が増えれば利鞘が大きくなることもある。しかし、ビジネスのことを省みてよく考えなければ、規模と量は空虚な指標でしかなく、利益の正確な物差しにはならない。

規模の拡大を目標にするのは、価値ある商品を売って利益を得て、その結果として規模が大きくなるのとはまったく異なる。規模の拡大を目標にして意思決定をするのは近視眼的であり、顧客離れを招くこともある。他方で、利益をあげた結果として規模を大きくするつもりで意思決定をしていれば、顧客にとってもっといいものを提供することに集中していられる。つまり、よりよい商品、よりよい体験、よりよいサポートを提供し、顧客をよりよく成功に導くことに集中できるのだ。これは、正しいことをした結果もたらされる成長だ。規模の拡大を最優先して、あとはすべてうまくいくようにと願っているのとはちがう。

証券取引所に株式を公開している会社は、株価を上昇させるようつねに株主からプレッシャーを受ける。株主は投資の見返りを得たいからだ。投資家から資金を得ている非公開会社も同じである。投資してよかったと思ってもらうために、見返りを提供しようとする。しかし、大多数の企業は、外部の投資家の歓心を買うために規模を拡大する必要はない。カンパニー・オブ・ワンは、オーナーの収入さえ確保できればやっていける。

ペルディ・ギリゾーニは、２００８年にワイヤーフレーミングの会社Balsamiqを創業した。その前は、Adobeで上級ソフトウェア・エンジニアとして働いていた。Balsamiqはずっと非公開会社だ。利益を出し、小規模のままでいて、大きくなることよりもさらによくなることに集中してきた。価値があって使いやすい良質のソフトウェアを提供するという同社の目標が、さらなる顧客と利益を生んでいるのだ。このアプローチは、ほかのソフトウェア企業とは異なる。ほかの会社は規模を大きくすることで顧客と利益を増やそうとしていて、ときには顧客の満足度を犠牲にすることもある。毎年、ペルディは１００万ドルを自分の取り分にし、万一のときのために18か月間経営をつづけられるだけの余裕を会社に残して、残りは25人いる従業員に渡している（従業員は年にひとりかふたりしか増えない）。もっと速く規模を大きくするようプレッシャーを受け、ベンチャー・キャピタルから投資も打診されてきたが、ずっとそれを拒んできた。そのような投資は、ソフトウェアをよくするのには役立たないとペルディは考えているのだ。というのも、投資家の投資収益率のために会社を大きくしなければいけなくなるからだ。仕事上の負債はつくらず、締め切りは自社で設定するものだけ。そういう状態をペルディは確保している。**Balsamiqが成長しているのは、ただ良質のソフトウェアをつくるのに集中しているから**だ。

顧客の成功と満足に焦点を絞ることによって、ペルディは規模拡大を目標にすることから生じるリスクを避け、いつか巨大な利鞘が得られると考えて目先の利益確保を脇に追いやってしまう危険も回避している。リチャード・ブランソンのようなビジネス界の大物も、小さい規模で会社をはじめた。ヴァージンのブランドは、『スチューデント』というたった1冊の雑誌からスタートした。Googleは、スタンフォード大学の研究プロジェクトとしてはじまった。マーク・ザッカーバーグがFacebookを立ちあげたときには、ハーヴァード大学の学部生だけを対象にしていた。

ペルディとBalsamiqのチームは、「より大きく」ではなく「よりよく」に集中することで、ソフトウェア開発で近道をとらせようとするプレッシャーを取り除いている。ペルディは、役員会議や投資家向けのプレゼンに時間を割くのではなく、顧客との対話に時間をかけている。さらに彼は次のように言う。「ぼくはイタリア人です。イタリア人は、四半期ではなく世代で物事を測ります」

規模の拡大を目標にしなければ、ビジネスとビジネスのアイデアを丸裸にしてその本質を見きわめ、いちばんの強みを発見できる。衣料品とアウトドア用品の会社パタゴニアの創業者、イヴォン・シュイナードもそう考えている。**ビジネスを最低限の機能に絞りこんだ結果、パタゴニアは自社の製品に鉄壁の保証を設けることにした。無期限に返品と交換を受けつけるようにしたのだ。**同じ理念から、シュイナードは、あらゆる代償を払って売り上げを最大化しようとするのではなく、「1%フォー・ザ・プラネット」というチャリティもはじめた。パタゴニアは、「このジャケットを買うな」というメッセージを添えた広告キャンペーンまで展開する。すでに手元にある服を修繕してリユースするよう促すキャンペーンだ。

## 既存組織のなかのカンパニー・オブ・ワン

大企業の多くでは、キャリアが長くなると昇進し、核になるスキルを使ってする仕事から外れて、同じスキルを持つほかの人たちを管理する立場につく。こういう会社はピラミッド型のヒエラルキーで動くので、昇進すると自分の影響下に入る人がどんどん増える。しかしそうなるのは、会社が継続的に人を増やしていくときだけだ。ほかの人も昇進していくので、新しく人が雇われなければ管理される側の人がいなくなるからだ。

カンパニー・オブ・ワンの考え方のもとに動く組織は、このような仕組みをとる必要はない。だとすれば、**大きくならない会社、あるいは極端にスローペースで成長する会社のなかでは、どのようにキャリアアップすればいいのか。その場合、影響力の範囲を広げることと権限を強めることがキャリアアップになる。**第2章で紹介したBufferの社員たちは、そのようなアプローチでキャリアアップをはかっている。ピラミッド型の官僚的ヒエラルキーとホラクラシー（だれもほかの人を管理しない完全にフラットな組織）をユニークに組み合わせているのだ。

会社でチームをつくるように既存組織のなかでカンパニー・オブ・ワンをはじめると、労力は少なくてすむ。わたし自身はその道を選ばなかったが、大企業で働くのにはそれ相応の利点がある。たとえば、保険や事務仕事、自分の給料をまかなうことなどは、あまり気にかけなくていい。フリーランサーや起業家として働けばもっとたくさん稼げることもあるが、大企業で働いていれば自分で払わなくてもいい費用がたくさんある。オフィスの賃料から備品、保険、長い販売サイクルのためにかかる費用（通常はその料金を請求することはない）まで、いろいろな支出があるのだ。それゆえ、多くの人が既存企業の内部でカンパニー・オブ・ワンとして働くことを選ぶ。会社がこのアプローチを育むためにカンパニー・オブ・ワンをつくったり、社員がそれを提案して承認されたりして、企業内のカンパニー・オブ・ワンとして働くのだ。

これから見るように、そうするのにはいくつかの利点がある。

キャリアアップの第一の要素は影響力である。Bufferの従業員数は72人だ。同社はその規模に満足していて、このチームを短期間で大幅に拡大する計画はない。同社では、**ある領域で必要とされる技術力が、影響の及ぶ範囲を決める**と考えられている。たとえば、Android端末向けにプログラムを組めるようになることが目標だとすると、最初は影響が及ぶ範囲が小さいところからスタートすることになるかもしれない。Java（Androidの主要言語）でプログラムが組めるといったことだ。その後、影響が及ぶ範囲は、その人が与えられるインパクトの大きさに比例して、まるでさざ波のように広がっていく。プログラムを組んで課題をやり遂げられるだけなら、生まれるさざ波は比較的小さい（コーディングができなければ、Androidのソフトウェア開発者として雇われることはない）。このさざ波は、その人が持つ影響力が拡大するにつれて大きくなる。影響力が拡大するというのは、たとえば、チーム全体のために、Androidについて的確な判断を下せる専門性を持つといったことだ。影響が及ぶ範囲は、場合によっては業界全体にまで広がることもある（Android関係のイベントで講演するなど）。**小さなさざ波が巨大な波に変わるのだ。**

キャリアアップの第二の要素が権限である。Bufferが一人ひとりの従業員に責任を割り当てる際には、責任を権限と結びつけている。入社したばかりのジュニア・プログラマは、プロジェクトについての権限は与えられない。課題を割り振られ、責任を持って仕事をこなして、学習し、指導を受けるよう求められるだけだ。仕事をつづけるうちに、チーム内で具体的なプロジェクトを担当することになり、そうしたプロジェクトに関係する成果に責任を負うようになる。最終的には、昇進するにつれて社内でどこかの分野全体を担うようになり、その分野の成果すべてに責任を持つことになる。たとえば、最高技術責任者（CTO）は、技術とプログラミングに関係することすべてに責任を負う。

Bufferでエンジニアを管理するケイティ・ウォマスリーは、この「影響の及ぶ範囲」と「権限のキャリア」の枠組みを考える手助けをした。ケイティは、Bufferで「人の管理者」と呼ばれる存在であり、エンジニアリング部門の人にかかわる決定を担当している。このモデルでは、ケイティはエンジニアリング・チーム全体に影響力と権限を持っていて、エンジニアリング関係の人に関する意思決定を行う。しかしこのスタイルの組織では、エンジニアリング・チームのメンバー一人ひとりが、自分が影響力を持ちコントロールできる事柄について具体的な意思決定ができる。たとえば、Androidについて最もよく知るチーム・メンバーが、それについて決定を下せるのだ。このようなやり方のもとでは、異なる人が異なる分野を担当する。したがって、ある仕事ではひとりがプログラミングの責任者になってもうひとりがその下につき、別の仕事ではその役割が逆転することもあるわけだ。**基本的に、一つひとつのプロジェクトで、それに最も適した者が意思決定を行う。**

Bufferが会社をこのように組織しているのは、上昇に上限がないことを示すためだ。仕事を広げすぎるのを望まない従業員は、仕事を広げる必要はない。Android向けのプログラミングが好きな社員は、Android関係の権限と意思決定能力をどんどん獲得していけばいい。また、Android関係のプロジェクト管理や、人の管理へと向かう社員もいるだろう。Bufferの社員は、人の上に立つか行き詰まるかのどちらかを選ぶ必要はない。専門領域を深く掘り下げることもできれば、仕事の幅を広げて、専門分野で社外に名を売ることもできるのだ（その場合、Bufferはそれに報いる）。

まさにこのようにすれば、大きなカンパニー・オブ・ワンのなかで成長することができる。また、大きな組織もカンパニー・オブ・ワンに近いかたちで動くことができるのだ。

# Ⅱ 特徴づける

# 第５章
# なんのためのビジネスか

カンパニー・オブ・ワンがひとりであっても大組織の一部であっても、自由が大きくなればなるほど、期待された仕事をこなす責任も大きくなる。仕事についての考え方が、仕事のこなし方に重要な意味を持つ。

カンパニー・オブ・ワンとして成功するには、ビジネスの根本にほんとうの目的がなければならない。**どうして**そのビジネスをするのか、それが重要なのだ。**目には見えないその目的が、つねにビジネスを動かす。**目的は、ウェブサイト上の響きのいいミッション・ステートメントに書いてあることだけではない。あなたの会社がどう行動し、どう自社を表現するのかを決めるものだ。そしてそれは、ときに利益よりも優先される。

消費者が（場合によっては価格よりも）共有された価値観にもとづいてものを買うようにな

ってきたので、企業もそれに対応しつつある。自分たちのほんとうの目的に合わせてサプライ・チェーンのあらゆる段階を見なおし、商品を買ってくれそうな顧客にアピールして、製品やサービスのサポートも修正している。カンパニー・オブ・ワンは、経済的な価値と目的は対立しないことを理解している。カンパニー・オブ・ワンは、売り上げを伸ばすのと同時にサステナビリティを確保することもできるのだ。

パタゴニアの創業者イヴォン・シュイナードは、同社が成功しているのは「責任ある」企業だからだと考えている。同社は、環境への責任とサステナビリティを中心に据えた価値観にのっとってビジネスを展開してきた。それが従業員の採用や研修のやり方にも反映されていて、創業のときから社内託児所を設け、１％フォー・ザ・プラネットのチャリティを共同創設した理由もそれとつながっている。パタゴニアの目的は服の生産を減らし、服を長持ちさせて、価格を社会と環境に還元させることにある。これは、多くの衣料品会社のやり方に反するかもしれない。しかし、パタゴニアの**顧客がこの目的に共鳴しているため、責任ある衣料品をつくってほかより高い値段をつけて売ることができる**のだ。さらにいうなら、１％フォー・ザ・プラネットに参加する企業のトップ５は、景気が後退した２００８年から２００９年にかけて記録的な売り上げを達成した。ほかの企業はほとんどが損失を出していた時期だ。景気がいいときには、人は自分の価値観と合う商品をよろこんで買い、景気が悪いときには支出を減らして、自分が尊敬して信頼する企業からものを買う。いずれにせよ、目的があるとプラスになるのだ。

セヴンス・ジェネレーションも、目的を中心に据えた会社だ。社名もその目的を表している。自社の製品が次の7世代にまで影響を及ぼすことを念頭に置いてビジネスを展開しているのだ。この目的にのっとって、同社は植物由来の無害な掃除用品をつくり、Bコーポレーションに認定されている（Bコーポレーションは、社会面と環境面の実績、説明責任、透明性の厳しい基準によって認定される）。この目的を掲げることで、セヴンス・ジェネレーションには多くの利点がもたらされる。まず、若者を惹きつけて社員になってもらうことができる。おそらく、〝卒業したら家庭用品の会社で働くんだ！〟とは思っていない学生も惹きつけられるのだ。それに、普通であれば関心を持ってもらえないマーケットで、口コミを通じて評判を広めてもらえる。同社の目的は、マーケティングだけでなく実際の行動にも表れている。たとえば、同社は乾燥機用のシート型柔軟剤もつくっているが、その売り上げに響くにもかかわらず、社員にも顧客にも洗濯物は乾燥機を使わずに物干しで乾かすようすすめている。セヴンス・ジェネレーションは、目的を前面に押し出すことで顧客から製品に好感を持ってもらい、そのうえおよそ2億5000万ドルもの収入を得ている。2016年にはユニリーバに買収されたた。ユニリーバがその目的に引きつづき忠実であることを願いたい。

**目的は、大きなものから小さなものまでビジネス上の意思決定をすべてフィルターにかける。だれと仕事をするのか、何を提供するのか、時間とエネルギーをどこに集中させるのか、**

**顧客はだれなのかを考える際の軸になる。**あなたのカンパニー・オブ・ワンを支える独自の目的をはっきりさせるのは、必ずしも簡単ではない。数字を入れれば答えが出るようなスプレッドシートは存在しないのだ。目的を見つけるには、自分自身が何を望んでいて、どのような顧客の役に立ちたいのかをよく考える必要がある。そもそも、ビジネスをするということは、互いの利益になるようにほかの人の役に立つことにほかならない。顧客はお金を払い、感謝して、熱意を共有する。あなたは自分独自のスキルと知識を活かして何かを売り、顧客の問題に対処するのだ。

ヴァージンの創業者リチャード・ブランソンが、目的をわかりやすく要約している。「ビジネスの成功は、もはやお金を儲けることでも、出世の階段をのぼることでもなくなった。目的が成功の指標になりつつある」

ビジネスが自分の目的と完全に一致していれば、厳しいときでも根気よくそれをつづけられる。人の入れ替わりも少なくなるだろう。**従業員は、仕事に行くときに自分の価値観を家に置いて出る必要がない**からだ。顧客もずっと離れずについてくる。それに、目的はビジネス上の意思決定をする際の基準にもなる。目的がはっきりしていると、仕事のあらゆる領域でかしこく、すばやく、自信を持って選択することができるのだ。

目的を考えずにビジネスを築いたらどうなるのか。もっぱら買収と高収益だけに焦点を絞っていたら？　たしかに、もっと張り合いがあると思えるかもしれない。しかし仕事に忙しくなり、そもそもなぜその仕事をしているのかわからなくなって、一生懸命やっているのに楽しくないと（あまりにも遅いタイミングで）気づくことになりがちだ。カンパニー・オブ・ワンをつくっているのがあなたなら、うまくいかなくなったときに状況を立てなおして変化させるのもあなただ。その際には、まず自分の目的をはっきりさせると、はるかに作業をしやすくなる。簡単な確認をするだけでもいい。ビジネスが向かっている方向と自分の目的が一致しているかを確かめるのだ。

ジョン・コッターとジェームス・ヘスケットは『企業文化が高業績を生む――競争を勝ち抜く「先見のリーダーシップ」207社の実証研究』（梅津祐良訳、ダイヤモンド社）で、**目的を土台にして価値観にもとづいて動く企業は、そうでない企業と比べて、株価で12倍もの好業績をあげる**と報告している。目的がなければ、経営陣は従業員を結集させて生産性を高めることができず、顧客は企業と結びつくことができないというのだ。コッターとヘスケットの10年にわたるこの研究では、目的があれば、部分の総和よりもはるかに大きなプラスの結果が生まれることが示唆されている。

あなたがフォーチュン500の企業のCEOでも、フリーランサーでも、目的が成功を定義して成功へと導く。何をするかよりも、どのようにするのか、なぜそれをするのかを決めるのが目的だ。たとえば、ドラッグストア・チェーンのCVSがタバコの販売をやめたのは、人びとがより健康に生きるのを手助けするという同社の目的と一致しなかったからである――以前はタバコで何十億ドルもの売り上げがあったにもかかわらずだ。

目的を定義するのは、ビジネス・プランやマーケティング戦略ではなく、あなた個人の価値観や倫理観だ。**目的をでっち上げることはできない。あなたの本能と顧客がそれを許さないはずだ。**そもそも、そんなことをする意味もない。自分の目的にかなったビジネスをすることで、はるかに大きなよろこびと満足感を得られるのだから。あなた自身が自分の目的と深い結びつきを感じていなければ、ほかの人がそれを感じることもない。

目的を持たないことは、カンパニー・オブ・ワンのあり方と矛盾する。目的がなければ、長期的な持続可能性ではなく短期的な利益に集中することになるからだ。四半期の利益の増加が成功の唯一の要素だと考えてしまうと、顧客の満足度と成功を軽視しがちになる（前章で見たとおり、そうなるとあなたのビジネスは危機に陥る）。「あらゆる代償を払ってでも成長と規模の拡大を追求する」という考えは、時代遅れで破綻した根拠のないモデルであり、成長と規模拡大の危険を指摘する研究を無視している。

パタゴニアやセヴンス・ジェネレーション、同様の多くの会社が成功していることから明らかなのは、目的は利益に関心のないビジネスに向けた浮ついた概念ではないということだ。ハーヴァード・ビジネス・スクール教授のマイケル・ポーターと、社会的影響力についてのコンサルタント企業ＦＳＧの共同創業者マーク・クラマーは、目的に対して「共通の価値観」のアプローチを図ることで、経済的にプラスの影響を企業にもたらすことができると言う（マイケル・ポーター、マーク・R・クラマー「『受動的』では価値を創出できない――競争優位のCSR戦略」『Diamond ハーバード・ビジネス・レビュー』2008年1月号)。商品をつくって販売する方法を見なおし、従業員にとって生産的な状態がどのような状態かを定義しなおすことで(つまり、従業員の休息と幸福を重視し、働きすぎにならないようにすることで)、自分たちと顧客が重視する価値観とビジネスを一致させることができるのだ。

**よく調和がとれた共通の目的があると、カンパニー・オブ・ワンは本来の方向へ向かうことができる。そこでは意思決定がしやすくなって、チーム・メンバーの定着率は高まり、顧客とのつながりも強くなる。**

## 正しく考えなければ「情熱」は役に立たない

目的と情熱はまったくの別物だ。

目的は、核になる一連の価値観にもとづいている。その価値観は、企業や事業主が顧客と共有している。他方で情熱は、自分が好きなことにもとづいた単なる気まぐれだ。「情熱に従え」というおなじみのビジネス・アドバイスがある。そこでは、わたしたちは楽しいことをしながらお金をもらう権利があると示唆されている。

2003年にロバート・ヴァララーランドがケベック大学の学生を対象に行った有名な研究が

ある。その研究では、学生たちは、ほかの科目よりもスポーツ、芸術、音楽に情熱を持っていることがわかった。残念ながら、すべての仕事のうち、スポーツ、芸術、音楽の業界が占めるのは、わずか3％にすぎない。それに、たとえばテニスに情熱を燃やしているからといって、だれもが次のセリーナ・ウィリアムズになれるわけではない。どれだけがんばっても、無理なものは無理だ。「情熱に従え」というのは、無責任なビジネス・アドバイスである。

不動産投資家で、人気テレビ番組『シャーク・タンク』にも出演するバーバラ・コーコランは、自分は情熱に従ったわけではないと言う。懸命に働くなかで、偶然それを見つけたのだ。コーコランの情熱は努力の結果として現れたのであり、情熱が先にあったわけではない。番組ではきわめて実際的なものの見方をすることで知られるコーコランは、情熱よりも問題解決に集中するほうが重要だと言う。問題解決に焦点を絞ることで、コーコランは番組で提案される新ビジネスをよりよく評価できているのだ。

**問題解決や何かの改善に集中していれば、情熱はあとからついてくる。**情熱を持てる仕事をただ夢見ているのではなく、実際に仕事をしているからだ。ベストセラー『今いる場所で突き抜けろ！　強みに気づいて自由に働く4つのルール』（廣津留真理訳、ダイヤモンド社）の著者カル・ニューポートは、情熱は熟練の副産物だと論じる。ニューポートに言わせると、情熱に従うのはキャリア戦略としておおいにまちがっている。実際にはたいていの人が魅力的なキャリアを築いているが、情熱に従った人の多くが絶えず転職して不安に苛まれているからだ。

ニューポートの考えでは、わたしたちは職人になる必要がある。会社とその顧客の役に立つために、スキルを磨くことに集中するのだ。職人の考え方を持っていれば、自分が世界に提供できるものに集中していられる。他方で情熱を中心に据えていると、世界が自分に提供してくれるものにもっぱら関心が向いてしまう。

多くの人が、意味ある仕事やアイデアは情熱から生まれると考えている。オックスフォード大学のウィリアム・マッカスキルの研究によると、やりがいのある仕事をすることから情熱が生まれるのであって、その反対ではない（ウィリアム・マッカスキル『〈効果的な利他主義〉宣言！　慈善活動への科学的アプローチ』千葉敏生訳、みすず書房）。やりがいのある仕事をしているときは、それに没頭できて集中力が持続し、フロー状態に入る（つまり仕事に入りこんで、時間の感覚を失う）。やりがいのある仕事は、４つの重要要素からなる。明確に定義された職務、自分がうまくできるタスク、成果のフィードバック、仕事の自律性だ。

そうはいっても、さまざまな本、ブロガー、ビジネス・リーダーが、幸福で意味ある人生を送るには情熱に従う勇気が必要だと唱えつづけるだろう。この呼びかけは魅惑的だ。ほかの人たちが、朝9時から夕方5時まで働く生活をやめて情熱のあることに飛びこみ、成功しているように思われるときには、なおのことだ。

しかし、ビジネスで成功した人が情熱を持つ仕事に飛びこんだ経験を講演で語るとき、あまり話さない重要なことがふたつある。ひとつ目は、その人たちは、飛びこむ前から高いスキルを持っていたということだ。とても高いスキルを持ってうまく仕事をやっていたので、新しいことに飛びこんで多少つまずいても、やはりうまくやっていける。当然ながら、飛びこんでいく先はいま使っているスキルの上に成立していて、すでに需要もある。ふたつ目は、新しい分野に飛びこんだとき、頂上までのぼりつめる前に、まず試しに小さくジャンプしてみることができたという点だ。ほとんどの人は、**行き当たりばったりに新しい分野に飛びこんだわけではない**。最初に小さくジャンプしてみて、着水できて（つまり、十分な需要があって）溺れることがないと確認したうえで飛びこんでいる。

わたし自身のキャリアを振り返ってみても、過去20年間で仕事の種類を変えて成功したのは、このふたつの要素が揃っているときだけだった。

わたしがウェブ・デザインのビジネスをはじめたのは、会社で顧客から求められるデザイナーになってからだった。会社員としてスキルを磨き、やがて、わたしが辞めるならついていくという顧客ができた。それがなければ独立することはなかっただろう（わたしがビジネスをはじめたのは、会社を辞めたあとにクライアントが連絡してきて、わたしが移った先に仕事を依頼したいと言ってくれたからだ）。実のところ、わたしはウェブ・デザインに情熱を持っていたわけではなく、起業に情熱を燃やしていたわけでもない。ビジネスをはじめる勇気を持てたのは、初日からお金を払ってくれる企業がいくつかあったからだ。

オンライン・コースのビジネスをはじめたときも同じだった。長年、デザイナーとして培ってきたスキルを使って、それに関係するコースをつくった。そして、完全にそのビジネスに軸足を移す前に数年の移行期間を設けて、十分な収入が得られるのを確認した。そのうえで、この世界に飛びこんだのだ。

他方で、１９９０年代に関連するスキルもなく最初にビジネス・コンサルティング事業をはじめようとしたときには、顧客からの反応がほとんどなかった。わたしは若くて世間知らずで、いくつかのウェブサイトのデザインを手伝っただけでビジネスの仕組みを理解したと思いこんでいた。ただウェブサイトをデザインするよりもコンサルティングのほうがはるかにおもしろいと思ったので、勇気を出してそのサービスを売りこもうとしたのだ。問題は、わたしはデザイナーとして駆けだしたばかりで、ほかの会社にコンサルティングを提供するのに必要なスキルをまったく蓄えていなかった点にある。

**つまり、当時のわたしのビジネス・スキルには需要がなかった。そのスキルにお金を払ってくれる人がいるかをテストすらしないまま、膨大な時間を割いてウェブサイトを更新してサービスを売りこもうとしていたのだ。**ビジネス・コンサルティングのサービスがうまくいくようになったのは、顧客と仕事をして自分の会社を経営する経験を長年蓄積したあとのことだ。

同じことは、わたしが情熱を持つ分野で需要のテストをせずに事業をはじめたときにも起こった。ずっと昔に、ソフトウェア会社をふたつ立ちあげたことがある。わたしはその会社でデザインを担当した。わたしはデザイナーとしてはスキルを蓄積していて、顧客からの引きあいもあった。けれども、どちらの会社も金銭的に成り立つかどうかを最初に確認しないまま立ちあげてしまった。パートナーたちと一緒に何か月もかけて商品をつくろうとしたが、お金を払ってもらえるようなものはとてもできそうになかった。どちらの会社も、最終的に大失敗に終わった。

わたしは、情熱を持ってウェブ・デザイナー、作家、オンライン・コース・クリエイターの仕事をはじめたわけではない。こういった仕事に頭から飛びこむ勇気もなかった。関連するスキルを磨いて需要が生まれたあとに、少しずつそういう仕事に移行していったのだ。情熱はあとからついてきたが、それは多くの時間をかけてその仕事に取り組み、うまく仕事がこなせるようになってからのことだ。そして、採算がとれると（おおむね自分自身に向けて）証明できたところで、次の仕事に完全に乗り換えた。それとは対照的に、20代でコンサルタントになろうとしたときや、ソフトウェア会社を立ちあげようとしたときには、完全に失敗した。必要なスキルを身につけていなかったし、スキルに需要がなく、そのスキルにお金を払ってくれる人もいなかったからだ。

もちろん、「勇気」や「情熱」は、「スキル」や「実現可能性の検証」よりも響きがよくてロマンチックだ。勇気と情熱は、スカイダイビングをしたり、ウクレレなどの趣味をはじめたりするときには役立つかもしれない。けれども、生活の糧《かて》がかかっているときには、勇気を出して情熱に従うよりも、自分のスキルを使って確実に収入を得られる道を選んだほうがいい。

　これは気の滅入るメッセージだと思われるかもしれないが、そんなことはない。さいわい、自分にできることをやっていれば、何に情熱があるのかを考えたり、情熱のあることにフルタイムで取り組む勇気が出るのを待ったりして、時間を無駄にしなくてすむ。**情熱と勇気は自分でコントロールすることができない。需要がある何かをうまくできるようになるほうが、はるかに簡単だ。**そして、どうすればそのスキルをほかのことに応用できるかを考え、アイデアを小さな規模でテストして、採算がとれるかを確かめればいい。

　心理学者のジェフリー・アーネットが、大学生を対象としたまた別の研究を行っている。それによると、ほとんどの新卒者は、仕事はただの仕事ではなく冒険でもあることを望んでいる。問題は、ほとんどの学生が、自分には意義ある冒険的な仕事をする権利があると思いながらも、求められるスキルを身につける必要を感じていなかった点にある。時間と労力を費やしてスキルと問題解決能力を獲得することではじめて自由が得られるのと同じで、情熱は熟練のあとについてくるものだ。情熱が先ではない。

　従業員やチーム・メンバーのなかには、また事業主のなかにも、出勤するだけで何かをしている気になっている人がいる。これは苦い現実だ。国際的な大企業の人事部を統括するリンダ・ヘインズは、多くの人が、ただ出勤しているだけで、ほかの人と比べたときの自分の努力、功績、スキルとは関係なく、ほかの人よりも優れていると感じていると言う。この権利意識にはマイナス面がある。チーム内での問題や顧客対応における問題につながるのだ。これは、フィードバックへの抵抗、才能や業績の過大評価、チームや目的への忠誠心の欠如、他者や顧客への非難といったかたちで現れる。こうした意識を持つ事業者や従業員は、困難な状況になかなか適応できない。カンパニー・オブ・ワンの特徴である弾力性とは正反対の状態にあるのだ。

**どのような仕事でも、やりがいのあるものになりうる。**ごみ収集からコーヒー販売まで、大富豪へのコーチングから大企業内でカンパニー・オブ・ワンとして働くことまで、どのような仕事にもやりがいは持てる。それ以上でも以下でもない。情熱を追い求めるのは構わないが、情熱からお金を得られる権利があると考えてはいけない。やりがいを持って仕事に取り組んでいれば――つまり自律性、達成感、世界をよりよい場所にしているという感覚を持ちながら働いていれば――情熱はあとからついてくる可能性が高い。情熱は成功を生む触媒ではなく、成功したあとに生まれることも多いのだ。行動を起こして仕事をし、最初の勢いをつける。この勢いは、まだ見ぬ仕事の成果からではなく、仕事のプロセスに没頭してそれを楽しむことによって得られる。

ようするにこういうことだ。情熱を追い求めるのは自由だが、それによってお金をもらう権利があると考えるべきではない。**仕事における情熱は、まず価値ある一連のスキルを身につけ、仕事に精通することから生まれる。**これはうれしい知らせだ。隠されたほんものの情熱を探し求める必要はなくなり、ただ仕事をしていればいいのだから。

## 目的に合った仕事の時間割をつくる

最後に、カンパニー・オブ・ワンの考え方を採用するには、押し寄せてくるチャンスと義務の重みに対処することを学ぶ必要がある。

収入と従業員が増えれば会社はよくなるのか、それともただ規模が大きくなるだけか、それを問う必要があるのと同じで、スケジュールびっしりの忙しい生活がいい生活なのか否かも問わなければならない。

**チャンスは、魅力的な仮面をかぶった義務にほかならない。** チャンスをつかむことでプラスの効果もあるかもしれないが、それにはつねにコストがともなう。時間、注意力、リソースを割かなければいけないからだ。どれだけがんばっても、一日の時間を増やすことはできない。時間を増やすことができないのなら、時間を有効に使う道を探る必要がある。

興味深いことに、１９５０年代まで、「プライオリティ」ということばはつねに単数形で使われていた。のちにマルチタスクがいいことだという誤った考えが根づいていき、「プライオリティ」は複数形でも使われるようになる。いまは、たくさんプライオリティがあって、ビジネスで成功するにはマルチタスクで仕事をこなさなければならないという考えが広まっているが、これはまちがいだ。このような働き方をすると、生産性が低下する。カンパニー・オブ・

ワンの特徴のひとつは、すばやく物事を動かして成し遂げるスピードを備えていることにあり、そこでは生産性が求められる。**マイクロソフト・リサーチの研究によると、同時にふたつ以上のプライオリティに集中しようとすると、生産性が40%も下がるという。**これは、徹夜をしたときと同じダメージだ。ヒューレット・パッカードの研究では、Eメール、電話、メッセージに邪魔されると、従業員のIQは10以上も下がった——マリファナを吸ったときの2倍の数値だ。

『アンサブスクライブ』（*Unsubscribe*、未邦訳）の著者でベストセラー作家のジョスリン・グライは、重要な仕事から気をそらされるのを避けることに全力を注いでいる。グライは『99U』立ちあげ時のエディター兼ディレクターとして働いていたこともある。したがって、独立したチームを率いるのも、自分ひとりで仕事をするのも、ともに経験している。生産性についていうと、おもなちがいはモチベーションと勢いにあるという。チームで仕事をしていると、プロジェクトのなかで自分の仕事をやり遂げるために、自然とほかのメンバーとの関係のなかで動くことになる。そうすることで、自分の仕事に集中して物事を前にすすめようという気持ちを保つことができる。他方で、チームや従業員を抱えないカンパニー・オブ・ワンとして働く場合は、仕事をやり遂げるための勢いとモチベーションを自分で生み出さなくてはならない。スケジュールを決め、やらなければいけない仕事を管理し、気をそらさないようにすることは、自分自身にかかっているのだ。

カンパニー・オブ・ワンは、「シングル・タスク」の達人にならなければいけない。つまり、気をそらされることなく、ひとつのことを長時間つづけられる必要がある。そうすることで、必要なタスクに集中でき、それを速く、ストレスも少なくこなすことができる。カリフォルニア大学情報学部のグロリア・マーク教授によると、作業が中断されるたびに、それを完全に再開するまでに平均で23分15秒かかるという。邪魔が少なければ少ないほど、スピーディーに仕事をこなせるわけだ。

多くの大企業が、比較的最近になってスタートアップの文化を取り入れて組織の動かし方を変えている。よりフラットな組織にし、仕切りのないオープンな職場環境をつくって、メンバー一人ひとりに複数のプロジェクトを担当させ、Slackのような非同期通信まで導入している。こうした職場では、従業員はひとつのタスクにだけ取り組んでいればいいというわけにはいかなくなり、自分の時間のなかで多くの責任を自己管理しなくてはならない。大企業のなかのカンパニー・オブ・ワンには、こうした特徴がついてまわる。このような状況のなかで自律性を高めて働くのはどういうことか、それを分析して最善のやり方を考えなければならない。

大きなチームのなかで自分自身を管理するには、自分の仕事量をほかの人にはっきりと示す必要がある。チーム・メンバーや上司が、あなたの仕事時間のあきを狙っているかもしれない。独立して働いていても、複数のクライアントや顧客が同時にアプローチしてくる。こうした要求にうまく対処できなければ、働きすぎになり、ストレスを抱えて、十分な成果を出すことができなくなる。うまく対処するにはつねに警戒しておく必要があり、新規事業、ミーティング、電話会議、報告書などで時間を奪われるのがどういうことなのか、ほかの人たちに伝える力が求められる。

グライの考えでは、たとえ完璧な解決策はなくとも、自分のスケジュールと仕事量は厳しく守る必要がある。もしだれかから仕事の指図を受けていたりして、自分のスケジュールを完全にコントロールできないのなら、いま何のせいで手がふさがっているのか、ほかの仕事をするにはどのタスクや責任を取り除いてもらう必要があるのかを説明できなければならない。それに、毎日の細々《こまごま》とした仕事も考慮に入れておく必要がある。何百ものEメールと何千ものSlackのメッセージに返信し、5人の上司に報告をしなければならないとすると、本来の仕事をする時間はわずかしか残らない。だから、**あなたの時間を求めてくる人に、何ができて何ができないかをはっきり告げることが重要になる。**スケジュールがすでにいっぱいなら、毎日のミーティングはもう入れられない。1日8時間、チャットに応じられる状態にしていたら、集中して深い仕事をする時間がなくなってしまう。

ほとんどの人は、日々の仕事のメンテナンスにどれだけ時間が取られているかわかっていない。だからグライは年に1、2度、生産性をチェックするようすすめている。1、2週間、どのタスクに取り組み、どれだけ時間がかかって、何に注意をそらされたかを記録するのだ。この記録をもとに、時間をもっと適切に配分しなおしたり、「やめること」リストをつくったりできる——ソーシャルメディアを控えたり、毎日のミーティングをやめたり、チャットに応じるのを1日1時間にしたりといった具合だ。

Basecampの共同創業者でベストセラー『小さなチーム、大きな仕事——37シグナルズ成功の法則』（黒沢健二ほか訳、早川書房）の著者、ジェイソン・フリードは、上司の仕事はチームの時間と集中力を守ることにあると言う。多くの会社員は、週に60〜70時間も働く。通常の週40時間のかなりの部分が、ほかから邪魔されて奪われているからだ。フリードは、すべての従業員が邪魔されることなく、1日8時間をすべて使えるようにすべきだと考える。企業と上司は時間をできるだけ要求すべきではなく、時間を取ってもらうときにはお願いをすべきだ。よほどの緊急事態（たとえば、会社のソフトウェアのサーバーが落ちてしまったときなど）でなければ、すぐに対応してもらうことを望んでもいけない。

ミーティングと邪魔を最低限に抑えることで、スタッフはもっと仕事を楽しむようになり、よく考えながら仕事に取り組むようになって、会社にとって重要な問題を解決するのに多くの時間を割くようになったとフリードは言う。その結果、離れていく顧客も減り、従業員も定着して新入社員の研修もほとんど必要なくなった。さらには、毎年会社の利益が増え、最終利益があがっている。

Basecampでは、どのレベルでも従業員間でカレンダーを共有することを禁じている。カレンダーを共有すると、何も入っていない時間はあいていると思われがちだ。しかし実は、仕事に集中するために確保している時間かもしれない。

カンパニー・オブ・ワンとして働いていると、一日のうちに十分な仕事をこなせなかったら、すぐに自分を責めてしまう。しかし中心的な業務をこなして会社を経営しながら、丸一日邪魔が入ることなく腰を落ちつけて仕事ができることはめったにない。メンテナンス作業やコミュニケーションに多くの時間を取られていることに気づいていない人も多いだろう。

この問題を解消するために、わたしは毎年数か月間、インタビュー、電話、会議を入れないようにして、邪魔されることなく新商品の開発や本の執筆に集中している。コミュニケーションを断ち、ほかの人に時間を割かないようにすることで、集中して深く仕事に取り組むことができて効率があがるのだ。それに、**似たようなタスクにまとめて取り組むことで、短い時間で多くの仕事をこなせるようにもなる。**たとえばわたしは、月曜と金曜はほかの人と連絡を取らない――会議、電話、インタビューは入れないし、ソーシャルメディアも使わない。そうすることで、文章やコードを書くのに集中できる。電話はほとんど木曜にかける。そうしていれば、木曜が会議とインタビューで終わってしまっても、いやな気持ちになることはない。その日に集中して取り組んだ仕事がそれだからだ。それにわたしは、週末に1時間以上働くことはめったにない。そうやって元気を回復させて、仕事以外の生活も楽しんでいる。

スタートアップや企業の文化では、忙しいというイメージをつくりだすのが大流行だが、忙しくなればなるほど、カンパニー・オブ・ワンが取り組む問題を解決するために考え、創造性を発揮する余地がなくなる。『いつも「時間がない」あなたに――欠乏の行動経済学』（大田直子訳、早川書房）の著者、ハーヴァード大学の経済学者センディル・ムッライナタンとプリンストン大学の心理学者エルダー・シャフィールは、時間の制約があり、忙しすぎて考える時間がなく、やらなければいけないことをこなすのに四苦八苦していると、人は悪い意思決定をすると言う。週に数時間だけでもあき時間を確保すれば、ビジネスの実際の動きについて大局的な見解や戦略を持つことができるようになる。

産業革命以前には、人は目を覚ましているあいだずっと働いていた。寝ているか、食べているか、働いているかだったのだ。その後、1914年に自動車製造者のヘンリー・フォードが、自社の工場に8時間のシフト制を導入した。フォードは一日を仕事、睡眠、家族に三分割することを早くから提唱したが、これは彼が寛大だったからではない。労働者たちが外に出て、さらにものを買えるようにするには、自由時間を与える必要があると気づいたからだ（と言われている）。多くの企業があとにつづき、週40時間労働という一般的な考えができた。おかしなことと思われるかもしれないが、タスクをこなすのにかかる時間は、それに割く時間と同じだ。つまり、1日に8時間を仕事に割いていたら、仕事を終えるのに8時間かかる。もしタスクをこなすのにそれほど時間がかからなかったら、無駄な仕事をして残りの時間を埋める。しかし、どのように時間を使っているかを見なおせば、一つひとつのタスクに実際にどれだけの時間がかかるのかがわかる。ひょっとしたら、1日4時間あれば十分に仕事をこなせるかもしれない。

カンパニー・オブ・ワンは、自分でスケジュールを管理し、どれだけ働くかを決める。そういう環境では、タスクを大量に抱えこむことになりかねない。スタンフォード大学の研究者、ジョン・ペンカヴェルによると、身体面で生産性を測ったとき、**労働時間が週に55時間を超えると集中力が劇的に下がる。**つまり、55時間分を超える仕事をスケジュールに入れると、もはや生産的でなくなるわけだ。いつも忙しく働いているという社会的な名誉の印は、自慢の種になるほかにはなんのメリットもない。それに、カンパニー・オブ・ワンの考え方にはそぐわない。自慢するのなら、いかに仕事を速く生産的にこなせるのかを考えて、それを誇るべきだ。

企業の規模拡大と同じく、忙しいスケジュールも疑問視すべきだ。ほんとうにイエスと言うべきチャンスはどれだけあるのか。成功のために大量の仕事を抱えこむと、健康や人間関係、さらには生産性まで犠牲にしかねない。おそらく、**自分のスケジュールにとって何が〝十分〟かをはっきりさせ、断固としてそれを守ることが必要なのだ。**

# 第６章 「個性」を隠さず顧客と結びつく

高校生のとき、わたしはいじめられっ子だった。毎日、笑いものにされたり喧嘩をふっかけられたりしていた。わたしは、自分の性格が最大の弱点だと思って、それをなんとか隠そうとしていた。

それからずっとあとのこと。１万人を超える顧客にアンケートを送り、わたしの商品を買ってくれた理由を尋ねた。そのときにわかったのは、わたしの性格が第一の要因となって、ほかの人からではなくみんなわたしからものを買ってくれていたということだ。商品を買いたいだけではなく、とくにわたしから買いたいと思ってくれていたのだ。同じような商品がほかでも売られていたり、もっと安く手に入ったりするにもかかわらずだ。

何が変わったのか。わたしの性格は変わっていない。いまでもわたしは、野暮で興奮しやすいオタクで、高校生のときと同じだ。変わったのは、徐々に自分自身をさらけだすのが平気になり、ほかとはちがう自分の特徴を戦略的に活用できるようになったことだ。わたし自身の特徴がマーケティングの仕方やものの売り方の一部になると、それに反応する人も増えた。もちろん、みんなが反応してくれるわけではないが、十分な数の人がわたしの仕事に目を向け、顧客になってくれた。わたしが野暮なギークであることを気に入ってくれたのだ。みんなわたしの個性のためにわたしを信頼している。彼らの多くも、野暮で興奮しやすいオタクだからだ。

個性、つまりほんものの自分は、従来のビジネスでは「プロ意識」の名のもとに抑えつけられてきた。しかし、カンパニー・オブ・ワンにとっては、これが競争における強みになる。しかも、**スキルや専門性は再現できるが、あなたの個性やスタイルをほかの人が再現するのはほぼ不可能だ。**とくにあなたがカンパニー・オブ・ワンで、その分野で最大のプレイヤーではなく、値段もいちばん安くないのなら、個性を活用して何かで抜きん出ることが、まさに顧客の注目を集める武器になる。

サイズにかかわらず、カンパニー・オブ・ワンには個性が必要だ。あなたの人間としての性格を通じて、ブランドが語り行動する。たとえば、ハーレーダビッドソンは反逆心のイメージを持つブランドで、Snapchat は若さと新鮮さを連想させる。もしあなたが自分のビジネスの性格を考えなければ、顧客がそれをあなたに付与する——人はほかの人とかかわるものであり、顧客はあなたのブランドを見ると、それとかかわりたくなるのだ。

カンパニー・オブ・ワンとしてのあなたのブランドは、自分自身のほかとはちがう側面を表現しながら、それと同時にアピールする相手のことも考慮に入れておく必要がある。マリー・フォルレオ・インターナショナルの創業者マリー・フォルレオは、ほかとはちがう自分の個性を前面に押し出し、それを中心に据えて数千万ドル規模のビジネス・トレーニング企業を経営している。当初、フォルレオはビデオや文章で癖のある自分を見せることに不安を覚えていた。当時のビジネスの世界では、それは普通だとは思われていなかったからだ。それに、フォルレオがつながりたいと願っていたオプラ・ウィンフリーらほかのリーダーたちの世界でも、普通ではなかった。ただおかしなことに、**顧客が強い結びつきを感じたのは、まさに癖のある彼女自身だったのだ。**そして購読者数が193か国で25万人を超えたとき、フォルレオはオプラ・ウィンフリー・ショーに出演し、さらにはオプラによって次世代のリーダーのひとりにもあげられた。

あなたのブランドがにじみ出させたいのは何だろうか。強さ？　洗練？　興奮？　誠実さ？　贅沢さ？　有能さ？

ランド・フィッシュキンによると、新しくできた会社は創業者の個性を引き継ぐ傾向にある。個性はまず社内に浸透し、その後、対外的にも示されていく。つまり個性が企業文化をつくり、それに影響を与えるのだ。

ネジの製造を手がけるイギリスの小企業、エクスカリバー・スクリューボルツ社の創業者チャーリー・ビックフォードは、会社を小さいままにしておけば、自分が品質を重視し、みずから力を尽くしていることを社員と顧客に知ってもらいやすいと気づいた。チャーリーは、74歳のいまも電話を受けている。競合大手が市場シェアの獲得に向けて競争するなか、エクスカリバーは規模を小さいままにしておくことで誠実さを維持し、チャーリー自身のユニークな個性をブランドの前面に押し出しているのだ。業界全体が同社のボルト固定技術を真似したあとも、エクスカリバーは生き残っている。これは、個人的なつながりと手厚いサービスにもとづいて、ブランドの個性をつくりあげることに集中してきたからだ。こうした要因のおかげで、チャーリーは小規模でも成功を収め、アトランタのオリンピック・スタジアムからスイスのゴッタルド・ベース・トンネルまで、さまざまな仕事を受注している。

ブランドの個性は、双方向の関係を育むものでなければならない。ほかの人から利益や何かを得るだけでなく、あなたの会社と関係を持つことでほかの人が利益を得られるようにもする必要があるのだ。また、**ブランドの個性を「芝居を打つ」ことと混同してはいけない。ターゲットとなる顧客が魅了されるかたちで、ありのままの自分のいろいろな面を示すということだ。**たとえばチャーリーは、ほんとうに質のいい製品をつくることにいつも集中してきたので、彼の会社も、個性のその側面を外に向かって示すことに力を注いでいるのである。

## 情報だけでは退屈になる

ニューヨークで活動する広報専門家スティーヴ・ルーベルは、ビジネスにとって注目が最も重要な通貨であり、それには収入や資産よりも価値があると言う。情報時代のいま、世界にあるほぼすべての知識がポケットのなかのコンピュータですぐ手に入る。知り、読み、聞き、観ることができるものがあまりにもたくさんあるなかで、注目に希少性が生まれているのだ。世界中のあらゆる企業が、オンラインでもオフラインでも注目を奪いあっている。

**新しい「通貨としての注目」は、産業革命以降の世界の変化から生まれたともいえる。かつては売り手がすべてのルールを決めていたが、いまは買い手が何を、どのように、いつ欲しいか決める。**そして売り手に対して不満があればインターネットでそれを表明し、ときには売り手よりも大きな影響力を持つ。たとえば、ブロガーのアンバー・カーンズが、アーバン・アウトフィッターズ社が視覚芸術家のデザインを盗用したとツイートしたとき、このコメントはたちまちリツイートされて、合計１３０万のフォロワーに伝わった。その後、ハフィントン・ポストでも取り上げられて、アーバン・アウトフィッターズはわずか数時間のうちに1万７００0人ものフォロワーを失った（長期的にもブランドにマイナスの影響が出たのは言うまでもない）。第10章で見るように、信頼が失われると注目もたちまち離れていくのだ。

わたしたちの心は、いまやっていることに必ずしも集中しているわけではなく、46・9%の時間は集中力が散漫になっている。これは、ダニエル・ギルバートとマシュー・キリングスワースが80か国のさまざまな年齢、社会経済的地位の被験者5000人を対象に行った研究の結果だ。わたしたち自身が自分のすることに完全に注意を向けていないのなら、企業はどうすれば長く人の注目を惹きつけて顧客を獲得できるのだろうか。あるいは、自分たちのビジネスに気づいてもらうには、どうすればいいのか。

つまり、小さいほうがいいという考えにもとづいて動くカンパニー・オブ・ワンは、利益を出して成功するために、どうやって注目を摑めばいいのか。

ビジネス書のベストセラー作家サリー・ホッグスヘッドによると、答えは人を魅了することにある。つまり人や会社に人を強く惹きつけるようにするのだ。このテーマについてサリーは、10年間にわたって12万5000人を対象に研究を行った。その成果をまとめた書籍は、14の言語で刊行されている(サリー・ホッグスヘッド『魅きよせるブランドをつくる7つの条件』白倉三紀子、真喜志順子訳、パイインターナショナル)。サリーが検討するのは、ビジネスと人がいかにして注目を活用して他者に影響を与えるかだ。世界がどのようにわたしたちを見ているかを見きわめることで、理想的な顧客を魅了する方法がわかるのである。

サリーの考えでは、鍵になるのは退屈にならないようにすることだ。つまり、あなたの会社とブランドの個性に強い感情的な反応を示してもらえるようにする必要がある。**情報はすぐに**

**忘れられたり興味を失われたりするが、強い感情はなかなか忘れられないからだ。**これをするには、あなたにもともと備わる個性や変わったところを一部、ビジネスに反映させればいい。製品やサービスに魅了されると、感情的な結びつきが生まれ、感情的な結びつきがあると注目は持続する。

サリーは、研究の成果にもとづいて28の問いからなるパーソナリティ・テストをつくった（サリー・ホッグスヘッド『あなたはどう見られているのか――2つの強みから導く、あなただけの魅力』白倉三紀子訳、パイインターナショナル）。自己イメージではなく、世界があなたをどう見ているかを示すものだ。わたしもそのテストを受けてみたら、結果は「挑発者」だった。これはたしかに正しいと思えたし、わたしが打ち出しているブランドの個性とも一致する。わたしは権威と体制が嫌いで、人とは反対の新しいビジネス・アイデアを試すのが好きだからだ。わたしの書くもの、商品販売ページ、さらにはポッドキャストでのインタビューにも、この個性は反映されている。わたしはアイデアでほかの人たちを挑発することで、顧客を魅了しようとしているのだ。

マリー・フォルレオから受けたインタビューでサリーは、大企業が市場のなかでバニラ・アイスクリームになる傾向について語っている。大企業は、みんなに受け入れられはするがおもしろみのない個性を打ち出しているわけだ。カンパニー・オブ・ワンの場合は、バニラでいたらあなた自身もあなたの仕事も目立たない。**カンパニー・オブ・ワンは、市場のなかでピスタ**

**チオ・アイスクリームになる必要がある。よくも悪くも、人はピスタチオが大好きか、その不気味な緑色と風味が大嫌いかのどちらかだ。**忠実なファンは、ピスタチオ・アイスクリームがあれば目をとめ、注目して、値段が高くても買う。エクスカリバー・スクリューボルツが自社の製品でやっているのもそれだった。マリーが自分の個性を使い、ダンスやおもしろおかしい動画で視聴者の心をとらえているのも同じだ。これらはすべて、個性を敬遠するのではなく強調して活用することで注目を惹きつけている例である。

　人を魅了できるのは、あなたをおもしろくユニークにしているもの、ほかとはちがう変わった存在にしているものを取り出し、それを伝えたときだ。世界があなたのビジネスをどのように見ているかを理解したら、**自分を自分にしている具体的な特徴を強調することで、その理解をさらに広げることができる。自分の個性を戦略的に利用できるようになると、競争の激しい市場でそれを有利に活用できるのだ――バニラ・アイスクリームに4ドル払うのではなく、職人がつくったピスタチオ・アイスクリームによろこんで25ドル払う人が出てくるのである。**

　自分の会社に注目して欲しいと消費者にお願いするだけではどうにもならない。ユニークで珍しいことをはじめて注目を集め、ビジネスをほかとはちがうものにしなければならない。

## 「中立」でいると高くつく

とくにビジネスや生活がかかっているときに、線を引くのは恐ろしいことだ。線を引けば、特定の人たちやある集団全体をたちまち排除することになる。しかし、立場を決めることは重要だ。そうすることで、あなたと同類の人、集団、顧客の目にとまるようになるからだ。**あなたが自分の考えを旗のように高く掲げていれば、人はそれを見つけて集まってくる。**あなたのものの見かたを示すことで、現在、未来の顧客は、あなたがただ製品やサービスを売るだけではないとわかる。あなたはそれを、特別な理由のために売っているのだ。

よいマーケティングは、ただ製品やサービスを売るのではなく、立場を示す。どれだけ高くてもあなたが売りこんでいるものを欲しいと思う、その理由を示すのがいいマーケティングだ。あなたがやっていることに賛成するから、みんなそれを買いたがる。商品は、うまく機能しなければ変更したり調整したりすればいいが、旗として掲げるものは、あなたの仕事の背後にある価値観や意味と一致するものだ。**大胆に打ち出すことで、それは無視できないものになり、あなたの仕事はただの仕事ではなく、真剣な理由があってそれをはじめたことが伝わるのである。**

CD Babyの元CEOデレク・シヴァーズは、自信を持って人びとを排除すべきだと言う。すべての人をよろこばせることはできないからだ。まさに自分に向けられたメッセージを聞いたら、人はそのメッセージに惹きつけられる（そして注目する）。ピスタチオ・アイスクリーム好きに向けてメッセージをつくり、退屈なバニラをからかうようなものだ。

第1章で取り上げたトム・フィッシュバーンは、**偏りには力がある**と言う。みんなにアピールしようとすると、特定の人たちにアピールできなくなり、メッセージがぼやける。無関心を生んだり、競争の激しい市場で単なるひとつの退屈な小企業でいたりするのは、カンパニー・オブ・ワンとして得策ではない。

偏りの〝イメージキャラクター〟は、マーマイトだ。イギリスに昔からあるイーストのスプレッドである。マーマイトのキャッチフレーズは「大好きか、大嫌いか」。同社はこのメッセージを20年にわたってうまく活用してきた。

有名マーケティング専門家でベンチャー投資家のガイ・カワサキも、偏ることを恐れてはいけないと言う。大企業は、すべての人口学的、社会的、経済的背景の人びととすべての地理的な場所にアピールできる商品を追求するが、この**「フリーサイズの」アプローチがうまくいくことはめったになく、凡庸なもの(バニラ・アイスクリーム)が生まれることが多い。**カワサキは、特定の集団をとてもよろこばせる商品をつくり、ほかはみんな無視すべきだと考える。最悪のシナリオは、熱心な反応をだれからも引き出せないことだ。だれも商品のことを気にかけず、肯定的にも否定的にも語ろうとしないのがいちばんよくない。

つくったものがみんなに届くまで無限に注目を高めるべきだという考えは、すぐに破滅のもとになる。顧客やスタッフを急速に増やそうとするスタートアップを待つ破滅のもとと同じだ。速く多くの人にアピールしようとしすぎると、破滅につながることが多い。

ユニークでほかとちがい、普通ではない存在でいると、顧客に偏りが生じることがある。しかし、これは必ずしも悪いことではない。

ハンプトン・クリーク社（現イート・ジャスト）の製品、ジャスト・マヨは、「正しい《ジャスト》」マヨネーズであるにもかかわらず、とても偏っている。このマヨネーズは、訴訟、証券取引委員会による調査、ロビー活動、さらにはＣＥＯ殺害の脅迫によって、メディアで注目の的になり、そのおかげでファンや投資家からさらなる人気を獲得した。

**ジャスト・マヨは、卵を使わないマヨネーズだ。卵を使っていないために、ハンプトン・クリークは、ヘルマンズ・マヨネーズの製造元で食品大手のユニリーバから、虚偽の広告だとして法廷に訴えられた。**アメリカ食品医薬品局の法律上の定義では、マヨネーズには卵が使われている必要があるからだ（調味料の材料を法律で決める政府機関があるということ自体驚きだ）。ユニリーバが訴訟を起こしたのは、このはるかに小さく抜け目のないスタートアップにかなりの市場シェアを奪われていたからだ。さらには、署名のないいかがわしい手紙がジャスト・マヨを売る大手小売店に届き、この商品にはサルモネラとリステリアが含まれていると訴えた。それを受けて、小売りチェーン店ターゲットは、ジャスト・マヨを棚から撤去している。食品医薬品局が無実の罪を晴らし、こうしたクレームには根拠がないことを示したが、論争は訴訟と手紙だけでは終わらなかった。全米卵協会とアメリカ農務省が共謀し、ジャーナリストを雇ってジャスト・マヨとＣＥＯのジョシュア・テトリックの名誉を傷つけようとしだしたのだ。このキャンペーンは、公式の記録に残る次のEメール文書でクライマックスに達した。「金をプールしてやつを殺《や》るか?」

卵を使わないマヨネーズをつくるという偏りを見せたことで、ハンプトン・クリークはマヨネーズ業界全体を混乱に陥れた。**その後の論争と法廷闘争によって、このブランドは顧客からさらに求められるようになった。**結局、ユニリーバは訴訟を取り下げただけでなく、自分たちもヴィーガンの認証を受けた卵を使わない〝マヨネーズ〟を数年後に発売した。

偏ったカンパニー・オブ・ワンであるためには、3つの戦略に目を向けるといい。第一の戦略が〝懐柔〟だ。あなたの商品を嫌う人の心を変えさせようとすることである。ゼネラル・ミルズ社は2008年にこれを実行した。肥満とグルテン過敏症への懸念が高まるなか、低炭水化物でグルテンフリーのケーキミックスをつくったのだ。3年のうちに、同社のケーキミックスをはっきりと嫌う人の数は大幅に減った。第二の戦略が〝駆り立て〟だ。商品を嫌う人とわざと対立することで、あなたの偏った立場に賛成する中立の顧客を味方につけることである。第三の戦略が〝増幅〟だ。特徴を選び出して、それに大きく頼ることである。マーマイトは、すでに「大好きか、大嫌いか」のスタンスを打ち出して偏っていたが、さらに風味を特別に強化したマーマイトXOというバージョンを発売した。同社は30人の熱心な顧客(ソーシャルメディアで見つけた人たち)を試食会に招き、このイベントのFacebookグループをつくった。そしてこのキャンペーンによって、5万を超える人が同社のウェブサイトを訪れ、30万を超える人がFacebookページを見た。発売されると、マーマイトXOはたちまち売り切れた。

大きな成功を収めているカナダの航空会社ウェストジェットは、ユナイテッド航空のオーバーブッキング問題に直接狙いを定めた。これは、ユナイテッド機の乗客が飛行機から引きずり降ろされる動画が拡散して話題になった問題である。ウェストジェットの最新のマーケティング・キャンペーンは「われわれはオーバーブックしない」。#OwnersCare（オーナーは気にかけている）というハッシュタグつきだ（ウェストジェットは、乗客は実質的にみんな同社のオーナーだと豪語している）。**記憶に残る物語の多くでは、主人公が敵と戦う。**応援するだれかと敵意を覚えるだれかがいる物語は記憶に残るのだ。そもそも、ダース・ベイダーがいなければ『スター・ウォーズ』は成立しない。同じことがビジネスにも言える。人間の脳はいい物語や波瀾万丈の格闘と結びつきを感じ、それを記憶に残すようになっているので、魅力的な物語を語らない企業は、退屈ですぐに忘れ去られるバニラ・アイスクリームになりかねない。

小さな会社や急速な成長を目指していない会社は、偏りを利用すれば、広告やユーザー獲得に多額の費用をかけることなく、未来の顧客に情報を広められる。話題にしてもらえるからだ。Appleがテクノロジー業界の大企業になる前のことを振り返ってみよう。巨大なIBMに戦いを挑む小さな会社だったときのことだ。いまでは有名になったAppleのテレビコマーシャル——ジョージ・オーウェルの名作『1984年』へのオマージュ——では、ヒーローが体制順応と〝ビッグ・ブラザー〟と戦う。このコマーシャルは物議をかもし、当時のほかのコマーシャルとはあまりにもちがったため、最初に放映されるとすべてのケーブルニュース局がそれを取り上げて、ニュースで再放映した。ほかとはちがうことをすることで、Appleは最初のコマーシャルが放映された直後に350万ドル分の新型マッキントッシュを売り上げたのだ。

わたしのビジネスでは、ビジネスや社会問題についてのわたしの立場が一部の人を遠ざけている。週に一度のニュースレターをメールで送るたびに、批判的な返事が数通届く。よくあるインターネット上のこきおろしから、「あなたからは買いたくない、というのもあなたは［ここにはいろいろなことばが入る］を信じているからだ」といったコメントまで、さまざまだ。これは実はいいことである。**怒りっぽい顧客やすぐに苦情を申し立てる顧客は欲しくない**からだ。もしわたしの商品にお金を払うようになったら、その人に技術的なサポートやカスタマー・サポートを提供しなければならない。わたしの発言によって、彼らがわたしからものを買わなくなれば、それはどちらにとってもいいことなのだ。この種のメールが届くと、わたしはその人がお金を払う顧客だったことがあるかを必ず確認する。答えはいつもノーだ。ようするに、**読者が自分で自分をふるいにかけてくれるわけだ。そのおかげで、お金を払ってくれている顧客と、ふるいにかけられて顧客になってくれる可能性のある人たちに、時間とエネルギーを集中できる。**

最近では、消費者は自分の価値観にもとづいてものを買ったり選択したりすることが多い。無限の成長に集中することなく、〝もっと〟が〝よりよい〟ではないと考えるカンパニー・オブ・ワンは、商品を小さく具体的な集団の価値観にうまく合わせて、そうした集団のニーズや視点に直接訴えるマーケティングを展開できる。そうすれば、その集団以外の人にあなたがすることや支持することを嫌われてもなんの問題もない――そもそもそうした人には、顧客になってもらいたくないからだ。少数の人の世界の見方を理解し、それに共感を示して、ニッチな市場を近くに引き寄せていればいい。

スキル、専門性、知識は、すべて時間とエネルギーをかければコピーできる。しかし、ほんとうのあなたはコピーできない――あなたのスタイル、個性、社会問題への関心、複雑な問題に創意あふれる解決策を見いだすユニークな方法。**あなたの考え方を商品と同じぐらい売りこむべきだ。**偏りは販売サイクルを短くする。ふたつにひとつの選択肢を示し、イエスかノーかを決めることを顧客に迫るからだ。そもそも、曖昧なことからお金を稼ぐのはむずかしい。

カンパニー・オブ・ワンをつくって維持するにあたっては、あなたの会社のプロフィールをいい意味でほかから区別するのが早ければ早いほど、ぴったりの顧客を見つけてビジネスを早くから維持できるようになる。自分自身のことにもっと自覚的になり、自分の個性に生まれつき備わったユニークな部分を戦略的に強調することで、あなたのビジネスは顧客の注目を惹きつけられるのだ。

# 第7章　一人ひとりの顧客がすべて

わたしが行きつけにしているいくつかのレストランでは、スタッフがわたしの名前といつも注文する品を覚えてくれている（メニューを持ってくることすらない）。ときどきオーナーが出てきて、ちょっとしたおしゃべりをする。ドリンクやデザートをすすめられるわけではなく、ただ近況を語りあうだけだ。新しい料理がメニューに加わったときには、無料でそれを提供してくれて、感想を求められる。めったにないことだが、店が注文を取りまちがえたときには、さらに食べ物を持ってきてくれるか、支払いから何かを引いてくれる。注文したものとちがうと告げるだけで、それ以上はこちらから何も言わなくてもだ。

このようなサービスをしてもらえるので、わたしはこれらの店で頻繁に食事をする。友人が町に来たらそこへ行く。もちろん食事もすばらしいが、大事にしてもらえること、いちばん大切な客のように扱ってもらえることがより重要で、そのためにわたしは長年の常連になっているのだ。**従業員やオーナーがわざわざ親切にしてくれるとうれしいものだ。人間同士のつながりが感じられたり、会社が問題を認めて無理をして解決してくれたりすると、とても記憶に残る。**

本章で論じるのは、お金を払う人に当然の対応としてよく接しようということではない。たったひとりの客であるかのように顧客を大事に扱うことで、収益にもプラスになるという証拠が山ほどある。

つまるところ、顧客の成功を助け、驚くようなサービスを提供するのは、ビジネスにとっていいことなのだ。ハリス・インタラクティヴの最近の調査によると、アメリカ人の10人に９人が、優れたカスタマー・サービスを提供する会社にもっとお金を使いたいと思っている。同じ調査では、79％の人が、カスタマー・サービスで不快な思いをしたために取引をやめたり、買おうと思っていたものを買わなかったりしたことがあるとも示されている。ホワイトハウス消費者問題局の調査によると、忠実な顧客には、彼らが最初に使うお金の平均で最大10倍の価値がある。また、否定的な経験には隠れたコストもある――**顧客満足を25年間研究してきたルビー・ニューウェル＝レグナーは、企業に不満の声を伝える顧客はわずか４％にすぎないと言う。不満を持った顧客の91％は、二度と戻ってこないだけだ。**また、オンラインのレビューやソーシャルメディアでは、いいカスタマー・サービスよりも悪いカスタマー・サービスのほうがよく話題にのぼる。顧客を助けなかったり顧客を不当に扱ったりする企業があると、インターネットはたちまちそれを攻撃する暴徒と化す。

こうした数字を考えると、一部の成長中心企業が顧客の維持や満足度よりも新規顧客の獲得に力を入れているのは不可解だ。ケイト・オニールがMagazines.comでの仕事（第4章）を通じて知ったように、新規の顧客を獲得するには、既存の顧客に購読を更新してもらうよりもはるかに大きなコストがかかる（先にあげたホワイトハウスの調査によると、6～7％）。多くの場合、更新はきわめて重要な指標だが、顧客が忠実でなければ更新はしてもらえない。

一部の企業は規模拡大と買収に執着し、ユーザーを無限に増やそうとする。そしてそれを虚しい指標として、ホームページや投資家向けのスライド資料でアピールする。しかし、急速にユーザーを増やすと、そのコストは驚くほど高くつく――あまりにも高くつくので、たいてい全体の利益は下がる。利益を出すことに集中するカンパニー・オブ・ワンは（支出を減らせば、利益をあげるのと同じく収入を増やせる）、**あらゆる代償を払ってユーザーを増やそうとするのをやめ、いまいる顧客を維持し、よろこばせ、手助けするのに集中すべきだ。長期的には、このアプローチはコストを大幅に低く抑え、あなたの会社にはるかに大きく役立つ。**

カンパニー・オブ・ワンには、カスタマー・サービスを提供するにあたって大きな強みがある。カスタマー・サービスは、規模を大きくしなくても提供できる。レストランのオーナーがわたしの名前といつもの注文を覚えられるのは、店がひとつしかなく、スタッフはいつも同じで、オーナー自身もフロアで働いているからだ。エクスカリバー・スクリューボルツのＣＥＯチャーリー・ビックフォードが、小さなオフィスでいまも電話を取っているのも同じだ。また、Basecampの創業者も、技術サポートのリクエストにみずから応えている。会社が小さいと、忠実な常連の顧客と人間同士の関係を築くことができ、この個人的な関係があることで、顧客は満足してずっと忠実でいてくれるのだ。

カンパニー・オブ・ワンは、人に奉仕するビジネスだ。大切なのは顧客一人ひとりの声を聞き、サービスのレベルに満足してもらって、それぞれが成功を収められるように責任を引き受けることである。**人がお金を使う先を選ぶとき、カスタマー・サービスはきわめて大きな差別化要因になる。顧客の役に立つことができれば、その顧客はあなたの会社のブランドをほかにも広めてくれる。ようするに無償の営業陣ができて、スタッフをさらに雇わなくてすむわけだ。**

CD Babyは、インディーズ・ミュージシャンがiTunesで楽曲を販売できるようにするサービスだ。同社にはひとつの決まりがある。午前7時から午後10時まで、すべてのカスタマー・サポートの電話を、呼び出し音が2回鳴るまでにだれかが必ず取るという決まりだ。留守番電話も自動音声案内もなく、ＣＥＯから倉庫で働くスタッフまで、だれもが電話を取る（全員が顧客を手助けできるよう訓練を受けている）。CD Babyは顧客を友だちのように扱うことに力を入れている。友だちは、自動音声案内で「お客さまからのお電話はわれわれにとって重要です。いましばらくお待ちください」などとは言わない。同様に、Basecampのスタッフは、昼夜を問わず、時間に関係なく、サポート・リクエストのすべてに15分以内に応えようとしている。

いいカスタマー・サービスは、ただ普通に丁重であればいいわけではない。迅速に対応して質問に答え、丁重に顧客を扱うのは、褒められるべきことではなく当たり前のことだ。カンパニー・オブ・ワンが成功してほかから抜きん出るのは、こうした当たり前のことを超えることによってだ。心のこもった対応をし、相互的な関係を築いて、顧客をとても大切な人として扱うことによってである（実際、顧客はとても大切な人だ）。

## 顧客の感情が生み出すもの

過去数年間で、カスタマー・サービスはちょっとしたルネサンスを経験した。かつては、顧客をサポートしたり顧客に奉仕したりするのはコストだと考えられていた。ビジネスでは、利益を増やすためにコストをできるだけ減らすのがよいと思われている。この昔流の考えでは、自動化に大きく頼ることとなり、複雑な自動音声案内（8を押し、4を押し、6を押し、234を押し、#を押して、ようやく係の人につながる）や顧客掲示板、オンライン知識ベースのような自助的な自動化サービスが用いられていた。この種のアプローチの問題は、たとえどれだけ費用を抑えられても、企業と顧客のあいだに必要のない壁をつくってしまうことにある。自分で問題を解決するように顧客に強いて、大きな不満を生むことが多いのだ。

現在のカスタマー・サービス第二の波は、感情と容易さに焦点を合わせている。これはすべてのカンパニー・オブ・ワンが提供すべきカスタマー・サービスであり、一部の組織はすでにそれを実践している。**マッキンゼーの調査によると、70%の購買体験が、具体的な商品よりも顧客の感情にもとづいてなされている。ずば抜けていい扱いを受けたと感じると、二度目の購入や更新をしてもらいやすくなる。**一度目の購入の際の対応やサポート・リクエストへの反応をもとに、すでに好印象を抱いているからだ。

このカスタマー・サービスの第二の波は、一人ひとりの顧客に感情面で好ましい経験をしてもらうことによって、さらなる成功と高収益につながると考える。顧客を自分たちのただひとりの客のように扱うと、その見返りにあなたのブランドを大好きになってもらえて、引きつづき取引をしてもらえる。さらには、知り合いにもすすめてもらえる。カスタマー・サービスは、コストや支出ではなく、顧客の維持と獲得への投資と考えればいいのだ。事実上、顧客が営業職員の役割を果たしてくれるからだ。

顧客の満足がカスタマー・サービスのゴールだとするならば、サポート・センターが〝紹介〟のおもな出発点になる。新規顧客を獲得するにあたって、紹介は強力なツールだ——スモール・ビジネス・トレンズの調査によると、**新しい取引のうちなんと83%が口コミの紹介によ**

**るものだ。**あなたのビジネスについて顧客から知り合いに話してもらうには、まず顧客に満足してもらわなければならない。顧客に対してあなたがすること、手助けを求められたときに提供するものに満足してもらう必要があるのだ。

カスタマー・サービスの標準的な基準を満たしているだけでは、紹介はしてもらえない。最低限の手助けをするだけで、それ以上はしてくれない会社のことを、わざわざ人に話すことなどないからだ。あなたの会社のことを好意的に語ってもらいたかったら、はるかに多くのことをしなければならない。テクノロジー業界に、よく知られたとてもいい例がある。企業向けクラウド・ホスティング・プロバイダーRackSpaceの例だ。コールセンターの担当者がサポートの電話を受けているときに、お腹が空いたから何か注文しようかという声が電話の向こうから聞こえた。その担当者は電話を保留にし、ファイルにあった住所に届くようにピザを注文して、またサポートの話をつづけた。20分後、電話の向こうでノックの音が聞こえたので、担当者はドアをあけるように告げてこう言った。「みなさんのピザよ」。この驚きの経験は顧客をよろこばせた(そしてお腹いっぱいにさせた)だけではなかった。この話は、オンラインで何千回もシェアされたのだ。これが双方向の関係を築くカスタマー・サービスである。予期せぬものを顧客が受け取り、あなたのビジネスを支えたいと思って、忠実な顧客でいるだけでなく、ほかの人たちにも話すのだ。

紹介が効果を発揮するのは、〝代理による信頼〟の上にそれが成り立っているからだ。紹介が信用できるのは、信頼する人が特定の企業や商品を信頼しているからである。**話している相手を信用しているから、企業や商品にもたちまち信頼を抱くわけだ。**

人気フリーランス・ライターのジョエル・クレトケは、有望な顧客の80～90％とは口コミをきっかけにつながっていると言う。だれかに紹介してもらったときには、仕事と費用に適切な期待を持ってもらえて、（単なる有料の技術者ではなく）専門家であるとも思ってもらえる。ジョエルは売りこみに時間やリソースを費やす必要がない。ただ一緒に仕事をするだけで、すでに売れているからだ。ジョエルは、プロジェクトが自分に合うかどうかを見きわめるだけでいい。

わたしのサービス事業でも、仕事のきっかけはすべて口コミだった。早い段階でわたしは、時間とお金をマーケティングや外部に向けた販促キャンペーンに使うのではなく、すべてのクライアントにわたしに仕事を依頼してよかったと思ってもらえるようにすることに使おうと決めた。そうすると、満足したクライアントが頼まなくてもわたしの代わりに売りこみをしてくれて、知り合いみんなにデザインの仕事ならわたしに依頼するようにとすすめてくれるようになった。わたしがサービス事業を離れて製品事業に移行するまで10年以上にわたって、こうした口コミの紹介のおかげで数か月の順番待ちがつづいた。

Trello――オンラインで協力してプロジェクトをすすめられるＳａａＳ（サービスとしてのソフトウェア）――のような製品事業も、ほぼ口コミを通じて勢力を広げ顧客を増やしている。Trelloは100％有機的《オーガニック》に成長していて（つまり広告料を払っていない）、いまでは1000万を超えるユーザーを抱えている。これは、みんなが製品についてソーシャルメディアやブログなど多くの人の目に触れるところで語るからだ。Trelloは〈タコ・アウト〉というゲームまでつくって、経験をシェアしてもらえるようあと押ししている。核になる製品は無料バージョンなので、Trelloは、さらなる手間をあまりかけることなく、無料バージョンを知った人を顧客に変えることができる。ソフトウェアの使いやすさと親切さもあいまって、Trelloの巨大な（無報酬の）営業陣が、みんなにこのソフトウェアについて語っている。

## 大事にされた人が、ほかの人にもあなたのことを話す

フォレスター・リサーチのケイト・レゲットによると、顧客に満足してもらい、顧客の成功を助けると、顧客離れが減ってリピート客になってもらえる可能性が高くなる。さらには、新しい顧客を獲得するのにも役立つ。ようするに、あなたの顧客が勝利すれば、あなたも勝利するのだ。実のところ、あなたのビジネスに利益が出ていようがいまいが顧客は気にしない——しかし、顧客が利益を出せるように手助けすれば、その人たちはあなたのもとを離れなくなる。

顧客を個人として助けるには、ものを売るだけでなく共感と心づかいも求められる。顧客と

そのニーズを理解して、効果的にそれに応えられるようにする必要があるのだ。

ロンドンに拠点を置くコンサルタント会社レディ・ギークが、「共感指標」というものを開発している（これは『ハーバード・ビジネス・レビュー』誌に掲載された）。公開されている情報と独自のデータを使って、グローバル企業が顧客と従業員に対して持つ共感力をランクづけする指標だ。最も利益を出している5社は、共感スケールの上位に位置していた。たとえば、第3位のLinkedIn（共感力98・82点）は、ユーザーがいるところへ向かうのを恐れない――それがTwitter（24位、86・47点）などのライバル・プラットフォームであってもだ。このアプローチが示しているのは、LinkedInが顧客のニーズ、関心、選択を自分たちのビジネスの目的よりも優先させているということだ。それが、同社の収益増につながっている。

顧客のニーズ、望み、モチベーション、欲求を理解すればするほど、顧客の気持ちになって感じることができ、顧客によりよく奉仕できる。**この種のカスタマー・サービスは、「お客さまは大切です」という単なるリップサービスとは異なる。具体的な行動をともなうカスタマー・サービス、耳を傾けて理解に向けて動くという戦略を実行に移すカスタマー・サービスだ。**

共感はヒッピー的なライフスタイルの弱小非営利ビジネスのためのものだ、という誤解が広く見られるが、実はほんとうの利益を生むのに最も役立つツールである。これは単純な理由からだ。顧客のことをよく理解すればするほど、商品を調整して適切に売り出し、顧客にとってほんとうに価値あるものを提供できるようになるからだ。それに、サポート・リクエストによりよく対応できるようになり、顧客からもっと多くのことを学べるようにもなる。顧客は購入者のことをあなたよりもよく理解しているからだ。そもそも、顧客は購入者でもある。

共感を持って顧客を扱うための第一ステップは、顧客のニーズに耳を傾けることだ。そこから得た情報を使えば、イノベーションや新しい商品アイデアをあと押しできる。**マサチューセッツ工科大学（MIT）のエリック・フォン・ヒッペルが示す数多くの研究成果によると、利益につながる企業内でのイノベーションの多くは、顧客から生まれている――その割合は60%を上まわる。**この研究を念頭に置いて、思わしくなかったイノベーションの実績を改善しようと、3M社の内科外科市場部が1990年代に〝主要ユーザー〟からの情報をもとにして新商品をつくった。すると5年以内に驚きの成果が出た。この部は、ユーザー主導のイノベーションによって平均1億4600万ドルもの売り上げを達成したのだ。それに対して、社内主導のイノベーションによる売り上げは平均1800万ドルだった。

顧客を理解するには、サポート・リクエストにひときわ優れた対応をするだけでなく、寄せられる質問やリクエストの種類について、より大きなイメージを持っておくことが求められる。カンパニー・オブ・ワンでも、各リクエストの全体的なテーマを認識し、のちにデータとして使えるようにパターンとヒントをつくってそれに対処することが重要だ。すべてのフィードバックと提案を一か所にまとめることで、パターンを見るといい。たとえば、サポート・リクエストが特定のテーマに集中していたら、それについてユーザーにあらかじめ情報を提供しておいたほうがいいかもしれない。また、特定のテーマについて、いくつかのリクエストが繰り返し寄せられるようなら、おそらくそのテーマは、次のユーザー主導イノベーションの出発点になる可能性がある。

家電量販店ベスト・バイは、顧客の声を聞くだけでなく、実際に時間をかけて顧客からのフィードバックを理解し、それを活用している優れた例だ。同社は、ウェブサイト上のカスタマー・レビューをメーカーと共有して、顧客が求めるものをもとに商品を改善するよう促している。また、インセンティブや割引を提供して、フィードバックをくれる顧客に報いている。

大企業のなかでの共感が、顧客を手助けするのに妨げとなる決まりを破ることがある。数年前の冬休みに、ペンシルヴェニアの田舎町で老人が大雪のために家に閉じこめられた。ほかの場所に暮らす娘がそれを知り、地域の食料品店に電話して、老人の家に食べ物を配達してもらえないか尋ねた。いくつかの店に電話したが、どこも宅配サービスはやっていないという。その後、大手スーパーマーケット・チェーンのトレーダーズ・ジョーに電話した。店員が言うには、トレーダーズ・ジョーの方針では配達をすることにはなっておらず、配達サービスは通常は提供していないが、深刻な状況なのでよろこんで父親のもとへ食べ物を届けるとのことだった。娘が注文の品を告げたあと、店員は父親の減塩食に合った品をいくつか加えるよう提案までしたという。支払いの話になったとき、店員は心配しなくていいと言った。注文の品は無料で届けるというのだ。そして、よい冬休みをと言って電話を切った。30分後、注文したものが父親の家に届いた。費用は無料だ。ときには、ビジネスにおける共感は、ただ思いやりのある人間でいることでもある。

ピザ配達の物語と同じく、この話もわたしたちを虜《とりこ》にする。顧客をしあわせにして同じ人間として顧客を大事にすることよりも、決まったやり方と収益に関心を寄せている企業が多いことを思いださせてくれるからだ。たいていの企業は顧客最優先だと言うが、この考えが実行に移されていることはほとんどない。しかし、全力を尽くして並はずれたサービスを提供すれば、顧客が忠実で熱狂的なファンに変わる。この種の話はシェアされる。幅広く話題になれば、当然ながらビジネスにプラスになる。

つまり、**顧客の満足が新しいマーケティングなのだ。あなたに大事にされていると感じれば、顧客はとどまって、ほかの人にもあなたのことを話す。**まさにそれによって、つまり巨大企業よりも手厚いサービスを提供することによって、カンパニー・オブ・ワンは市場の巨大企業と競うことができるのだ。量、価格、ロジスティクスといった面で大企業と競争するのは、それよりはるかにむずかしい。心のこもったもてなしで競争するほうが、よほど簡単だ――いっそうの努力をして、顧客を数字ではなく人間として扱う。それがカンパニー・オブ・ワンの大きな強みである。

## 取るに足りない「小さすぎる顧客」はいない

お金の面で成功すれば（つまり利益を出せれば）会社は長続きするため、当然ながらほとんどの事業主は、ビジネスをもっと成功させる方法を考えるのに多くの時間を費やしている。しかし、事業主やチーム・リーダーのほとんどがあまり考えていないのが、顧客の成功だ。顧客が成功していれば、お金を確保できてあなたのビジネスを引きつづき支えることができ、あなたの利益も増える。顧客の成功が、あなたのビジネスの成功にもつながるのだ。

企業が顧客を人格のない注文や取引として見ていると、その関係は劣化し、最低限の支出でどれだけ顧客からお金を引き出せるかにもっぱら目が向くことになる。しかし、顧客との関係を相互に利益のある長期的な関係としてとらえる企業は、顧客が成功したときに成功する。

顧客管理ソフトウェア会社Salesforce傘下のPardotでカスタマー・サクセス部長を務めるアダム・ワイドは、**顧客の成功を運任せにはしない。**実際、カスタマー・サクセス部は同社の最大部署であり、研修、導入支援、成功事例の紹介、継続的なサポートを提供している。この取り組みによって、同社は『フォーブス』誌の最も刷新的な企業の第1位に選ばれ、カスタマー・サクセス部の手助けによって、顧客は平均34％の売り上げ増を達成している。

UserIQ社のカスタマー・サクセス部長シンディ・カーソンの考えでは、最も成功するのは正しい足場からスタートする顧客であり、オーダーメイドのプロセスとともに出発する顧客である。彼女のチームは、同社ソフトウェアの各顧客のユーザー・ケースまで見て、どうすればUserIQが顧客に最大の利益をもたらせるかを完全に理解しようとする。その後、具体的な部分に焦点を合わせたトレーニングを提供し、各顧客が勝利を収めるのを手助けする。

顧客第一のアプローチのなかで、実際の利益にもとづいて有機的に企業が成長することも多い。顧客の成功に完全に焦点を絞っていても、その副産物として顧客基盤が大きくなり、ゆっくりと着実に成長して、あなたの営業チームとして機能してくれるようになるのだ。

デザイナー向け服飾ブランドUgmonkのジェフ・シェルドンは、製造販売する商品と顧客サポートの品質にこのうえなくこだわっている。**シャツのサイズが合わなかったり、注文に問題があったりしたら、新しいシャツをすぐに送って、最初に送った商品の返送は求めない。** Ugmonkが顧客を大事にするので、顧客もUgmonkを大事にして、同社へのリンクや同社の服を着た写真を日常的にソーシャルメディアに投稿する。シェルドンは業界内のインフルエンサーに無料でたくさん宣伝してもらっていて、シェルドンの品質へのこだわりとUgmonkについては雑誌でも取り上げられている。

顧客の成功に焦点を合わせるのが、カンパニー・オブ・ワンの考え方でありビジネスのやり方だ。ビジネスのあらゆる側面がそこには含まれる。それは商品をつくる前から始まる。すべてが正しく実行され、最高の質が確保されるように計画を練るのだ。このビジネスのやり方には、顧客のスキルを高め、成功をあと押しする顧客教育（第9章で論じる）も含まれる。

企業のなかには、とりわけ成功のことになると、一部の顧客は小さすぎて力を注ぐのに値しないと考えるところもある。しかし、こういった近視眼的な見方をしていると、顧客の状況や規模が変わることはないというまちがった思いこみをしてしまう。そもそも、あなたのカンパニー・オブ・ワンも大きくするよりもよりよくすることに集中するのだから、取引先から〝小さすぎて力を注ぐのに値しない〞と思われるかもしれない。こんなふうに考えていると、長期的な顧客の戦略上の重要性と忠誠が目に見えなくなる。サービスに月10ドルを10年間払ってくれる顧客のほうが、1か月に100ドル払うけれども数か月後にキャンセルする顧客よりも、はるかに大きな価値がある。小さな会社も大きな影響を及ぼすことはできる。ソーシャルメディアで多くの支持者を集めたり、巨大なメーリングリストをつくったりすればいいのだ（いずれも、規模を拡大することなく影響が及ぶ範囲を広げることができる）。

最後に、顧客を最もよく手助けしようと思ったら、顧客が訴えている問題だけを見ていてはいけない。**顧客が助けを求めているとき、その根底にある理由は必ずしも明確ではない。具体的な答えを求めているときもあるが、自分たちで意識しないまま何かを求めていることもある。**たとえば、わたしがウェブ・デザインの仕事をしていたとき、クライアントからは〝見ばえのする〞サイトをつくって欲しいとよく言われた。しかし、そのうち気づいた。ほとんどの顧客は、見ばえのするウェブサイトが欲しくてわたしに仕事を依頼していたのではなかった。

顧客がほんとうに望んでいたのは、見ばえがするのと同時に、さらなる収入を生むサイトだったのだ。売りこみ方を変えて、いいデザインが利益拡大の手助けになると説明すると、営業電話のあと実際に受注する案件の数は倍以上に増えた。

顧客がほんとうに必要として望んでいることに耳を傾けること、それがカンパニー・オブ・ワンにとって鍵になる。

## 顧客は完璧を求めてはいない——まちがいへの対処

起こるかどうかではない。いつ起こるかの問題だ。どのビジネスでも多くのパーツが動いていて、顧客との接点がたくさんあり、通常は数少ないサプライヤーやパートナーに依存しているので、ときにまちがいが起こる可能性があり、実際に起こる。なんとしてでもまちがいを避けようとしたり、**まちがいなど起こらないというふりをしたりするのは、現実的な戦略ではない。より現実的なのは、まちがいが起こったときのためのプランを用意しておくことだ。**

第3章で論じた透明性は、社内でもリーダーと従業員にとって重要だが、同様に対外的にも顧客に対して透明性を保っておくことが大切だ。すべてを共有しろというわけではない。顧客に関係するいい出来事と悪い出来事を隠すなということだ。顧客との関係に影響を及ぼしかねないからだ。あなたの会社が共感を持って顧客を扱っていれば、何かがうまくいかなかったときも理解を示してもらいやすい――ただし、すぐに対処して問題を解消する必要がある。

たとえそれがほかの人によって引き起こされたのであっても、自分の過ちを認め、人から非難される前に自分で責任を取らなければならない。第一のステップは、謝罪することだ。企業広報のロボットのような調子でではなく、感情のこもったほんものの人間として謝る。顧客は完璧を求めてはいない。問題が起こったときに公正に、心をこめて、すばやく対処してくれることを望んでいるだけだ。

数年前、わたしが顧客から集金するのに使っていた業者が、ソフトウェアのバグのために数十人から倍の金額を徴収していた。つまり300ドルの商品に600ドル払わせていたわけで、（控え目に言っても）うれしがる人はいない。最悪のシナリオだ。顧客からすれば、支払いに合意した額よりも多くのお金を取られていたのである。

厳密には、悪いのはソフトウェア会社だ。その会社のソフトウェアにバグがあったのだから。しかし、わたしは責任をすべて引き受けた――わたしの会社の名前で商品を売っていたからだ。倍の金額を引き落とされたとまだ気づいていなかった人も含めて、該当する顧客すべてにすぐメールを出し、再発防止の手立て（時間とお金をかけて業者を変更すること）と、迅速に返金するつもりであることを説明した。メールの最後には、質問や不安があったときのために電話番号も記した。該当した数十人の顧客のうち、完全な返金（余計に引き落とされた300ドルと、本来の300ドル両方の返金）を求めたのは、ふたりだけだった。

たしかに怒った顧客も2、3人いて、それは仕方のないことだが、ほとんどの人は理解してくれ、ソフトウェアにバグはつきものだと認めてくれた。そして費用をかけて業者を替えることで、状況改善に向けて動いていると顧客に信頼してもらえた。この経験から学んだのは、自分が顧客だったらこう扱われたいというやり方で顧客を扱うのが重要だということだ。わたしは現実逃避（現実から目をそらして、二重請求と返金に気づく人があまりいないことを願うこと）も、お金を節約してバグだらけの業者のソフトウェアを使いつづけることもできなかった。短期的な金銭面の損失よりも、忠実な顧客を維持するという長期的戦略を優先させたのだ。

一部の企業は、従業員が謝罪することを一切認めていない。まちがいを認めることで生じる法律上の影響を恐れているからだ。不幸なことに、このアプローチは顧客を怒らせる。ただまちがいを認めてもらいたいと顧客が思っているときには、なおのことだ。本書は法律上のアドバイスを提供することはできないが、注目に値する事実がある。**2015年のニューヨーク・タイムズ紙の記事によると、ミスを隠さずに患者に謝罪する医師は、まちがいを認めない医師よりも医療過誤で訴えられることがはるかに少ない。**2年後にイリノイ大学がこの透明なアプローチを採用して謝罪するようにしたところ、医療過誤の訴訟は半減したという。ノッティンガム大学での研究でも、たいていの場合、謝罪にはコストがかからないことが示されている——単純にミスを謝罪して改善に努めるほうが、金銭的な補償を提供するよりいいのだ。

**誤りを認めることには強力な効果がある。それは共感、問題を認める姿勢、改善への意欲を示す。**それに、ここで参照した研究が示しているように、きちんと謝罪すれば、訴訟や返金よりもコストがはるかに抑えられる。ただし、ほんとうに申し訳ないと思っていなかったら、謝罪はうまくいかない。たいていの人は、企業の「申し訳ない」が不誠実であることを感じとる。反応する前に時間をかけて状況を把握し、苦情の声によく耳を傾ける必要がある。これは通常、不当な扱いを受けたという顧客の気持ちを認め、問題が起こった経緯を率直に示して、どのように問題を解決して再発を防ぐのかをはっきり説明するというかたちをとる。

カンパニー・オブ・ワンは、苦情を改善のチャンスに変え、苦情を活用して熱心な顧客との関係を緊密にする。苦情に耳を傾けず、苦情を理解しない企業は、危機に直面しかねない。たとえば、２０１１年にNetflixは顧客の要望を無視してＤＶＤ事業とストリーミング事業を分割し、事実上40％の値上げをした。もっぱらコスト削減だけを目的とした（それに顧客の声を無視した）この動きの結果、Netflixの株価は以前の半分にまで急落し、80万人の顧客を失った。また、金融関連ニュースサイト*24/7WallSt*によると、アメリカで最も嫌われている10社にランクインした。

近年では、当然ながらほとんどの消費者がソーシャルメディアで企業の誤りや過失について苦情を述べる。ニューヨーク大学でコミュニケーションを教えるリエル・リーボヴィッツによると、88％の顧客は、ソーシャルメディア上でのサポート・リクエストに反応がなければ、その企業からものを買おうとはあまり思わなくなるという。また、購入した商品についてソーシャルメディアで懸念を示した顧客のうち、45％が回答がなければ怒ると言い、27％がその会社から二度とものを買わないと答えた。Facebook や Twitter など、顧客が時間を費やしているところで顧客に注意を払う必要がある。

## 「約束を守る」ための戦略

シカゴ大学ビジネス・スクールで行動科学を教えるニコラス・エプレイは、顧客といい関係を保つのに超人的な努力は必要ないと言う。やると言ったことをただやるだけで、顧客は感謝するのだ。

ニコラスが言うには、人は互いのことをふたつの一般的な特徴で評価する。どれだけ対人関係のなかで温かく感じられるかと、どれだけ有能に見えるかだ。ニコラスの研究によると、他者から肯定的に評価してもらうには、約束をしてそれを守るのがいい。このアドバイスは、顧客に奉仕する企業にはとくに重要だ。温かく、理解を持って、手際よく扱われた顧客は、忠実な顧客になる。

カンパニー・オブ・ワンは、顧客や未来の顧客に語ることばに注意を払わなければならない。あなたのことばが、彼らとの社会的な契約になるからだ。**商品について過大な約束をした**

り、**偽りの情報を売りこんだりしても、いいことはない。**意図せずにそうしていても同じだ。最近ではほぼすべての情報がオンラインで手に入る。こうした状況のなかでは、あなたのビジネスが何をどのようにやっているのかを明らかにしておく必要がある。あなたのデータはきちんと保護されているか。海外の工場は安全で正当な報酬を払っているか。商品の車は道路安全保険協会の安全性試験でいい結果を出しているか。あなたが社会的責任のある上場投資信託を提供しているのならば、そこに含まれる企業は環境問題についてのロビー活動に資金援助をしているか。

シカゴ大学のルイジ・ジンガレスなどの研究によると、約束を守る文化がある企業は、約束を破る企業や発言と行動が一致しない企業よりも、はるかに多くの利益を出している。また、どれだけ立派な価値観を掲げていても、企業の行動によってその価値観が支えられていなければ、なんの意味もなさないという。

企業が約束を守るにはどうすればいいのか。また、これほど多くの企業が約束を守れずにいるのはなぜか。マリアム・クーシャキ、エリザベス・ドゥティィ、フランチェスカ・ジーノは、利害関係者に対する最も重要な約束を企業が果たせずに組織的に崩壊することを、「コミットメント・ドリフト」と呼ぶ。クーシャキらの考えでは、これは企業が考える短期的な利益に関係する諸要因から生じて、掲げていた約束を損なう。約束を破るのを避けるために、企業は上層部からカスタマー・サービス担当者まで、いくつかの戦略を実行に移す必要がある。

第一の戦略は、顧客に対する約束の数を減らして質を高めることだ。「約束は小さくして、期待よりも大きな成果を出す」べきだと考えている企業は、期待どおりの成果すら出せないこともある。第二に、たとえばサポート・システム・ソフトウェアを通じて、あるいは経営陣の約束を記録に残すことで、約束をしたあとの経過を追跡する必要がある。それをしない企業は、最初の約束が何だったかすぐに忘れてしまいかねない。最後に、約束を果たすための実際の手段が整っていなければならない。そのような手段はいまの時点では必要ないと思っていると、約束を破ることにつながる。これら3つの戦略に焦点を合わせることで、企業は顧客との約束をよりよく果たす術を学ぶことができる。

最善のアプローチは、すべての顧客との（あるいは従業員との）合意を、法的に拘束力のある契約として扱うことだ。社会のレベルでは、それは実際に契約だからだ。だれかに何かをあるタイミングで渡すと約束したら、遅れずにそうしなければならない。見積もりでも、配達でも、カスタマー・サービスの返信でも、なんでも同じだ。期限までに提供できるかわからなければ、無理だと伝えるか、確実に提供できるまで期限を延期してもらうよう交渉すべきである。

約束を破るたびに、ひとりの人やひとつの会社を失望させるだけでなく、その人や会社とつながりのあるあらゆる人や会社と仕事をするチャンスを失う。仕事を紹介してもらえるはずがないからだ。さらに悪い場合には、あなたが約束を守らないことをみんなに触れてまわられるかもしれない。**約束を破ると、その影響は外に向かって広がっていく。宇宙が広がりつづけているのと同じだ。**ひとりのクライアントや仲介者との関係がだめになるだけでなく、彼らの知り合いすべてと仕事をするチャンスも失うのである。

次にあなたの日々のビジネスで問題が起こったときのために、これらのことを心にとめておいてもらいたい。カンパニー・オブ・ワンを成功に導くには、正しくまちがいを認めることが欠かせない。

# 第8章

# 小さいままで多くの人に届ける仕組み

規模の拡大を疑問視し、規模に異議を申し立てるのがカンパニー・オブ・ワンだが、全体の目的と一致するときには、規模の拡大が必要なこともある。とはいえ、利益、顧客、勢力範囲の拡大が必要なとき、カンパニー・オブ・ワンは、さらなる従業員やリソースを必要とはしない単純で繰り返し使える仕組みに目を向ければいい。

Need/Want社の共同創業者マーシャル・ハースはかつて、売り上げに比例して会社も大きくする必要があると考えていた。年商1億ドルの会社であれば、最低でも数百人の従業員と、いくつもの層からなる官僚的な階層組織が必要だという具合だ。しかし実際には、同社は10人にも満たない従業員できわめてゆっくりと成長し、収入を増やすことができた。現在、同社は1000万ドル近くの年商を誇っている。

従業員や経費を増やすよりも速いペースで売り上げを伸ばせるのは、テクノロジー系のスタートアップやソフトウェア企業だけだと思われがちだ。商品が物理的にではなくウェブ上に存在するからである。しかし、Need/Wantは、寝具類からノート、iPhoneケースまで、ありとあらゆる物理的な商品を売る企業だ。それでいながら、少人数のチームで大きなビジネスを築きあげたのだ。

Need/Wantは、費用をかけずに多くの人に商品や情報を届けられる仕組みと手段を使って、利益を増やしている。既成のソフトウェアShopifyを利用してオンライン・ストアを運営し、そこでは一日ひとつから１００万超まで、どのような数の注文でも処理できる。外回りの営業担当者を置く必要がないように、大規模小売店は避けている。見本市には出展しない。すべてのマーケティングの取り組みは3人の社員が担当していて、ソーシャルメディア、有料広告、ニュースレターといったオンラインの手段に集中している（いずれも管理するリソースを増やすことなく影響範囲を拡大できる手段だ）。

**Need/Wantが製造を外注するのは、深いつながりのある工場だ。一日に数点から数万点まで、あらゆる規模の生産に対応してもらえる。同社はまた、配送とサービス業務も信頼するパートナー企業に外注している。**ようするに、Need/Wantは小さいままで多くの人に届ける仕組みを活用するカンパニー・オブ・ワンの完璧な一例だ。消費者に直接販売することで無駄をなくし、新しい顧客を見つけてものを売るのに最適な方法をいろいろと試すことができているのだ。

　同社が出発したのは、創業者のマーシャル・ハースとジョン・ホイートリーが、テクノロジー企業で働いていたときの知識を物理的な商品に応用したいと考えたのをきっかけにしてのことだった。ふたりがパートナーになる前、マーシャルは実際には触れられない商品（ソフトウェア）を売ってお金を稼いでいて、ジョンは触れられるものをつくっていたが、お金は稼いでいなかった（ベンチャー・キャピタル中心のスタートアップを経営していたが、軌道に乗らなかったり、利益を出せなかったりした）。

　ふたりは自分たちの会社をテクノロジー系のスタートアップのように扱うが、売るのはソフトウェアではなくモノであり、テクノロジー、自動化、オンライン手段のスケーラビリティー（コストをかけずに規模を拡大すること）をおおいに活用している。年商1000万ドル近くの企業であるにもかかわらず、チームは小さいままだ。経営とマーケティングを担当するマーシャルとジョンのほかに、業務部長がひとり、サポート・スタッフが4人（うちふたりはパートタイム）、最高財務責任者（CFO）がひとり、ソフトウェア開発者がひとりいるだけである。さらに人手が必要なときには、フリーランサーを使ったり業務委託をしたりして外注する。社内で人を抱えたほうが安くつく段階になるまで人は雇わない。つまり人を雇うのは、雇わないとあまりにも手間や時間がかかりすぎるようになったときか、人を雇ったときの給料が投資への見返りによって正当化できるときかのいずれかだ。Need/Want の成長モデルは、実際に得た利益にもとづいたものであり、見こまれる利益にもとづいたもの（ほとんどのスタートアップやベンチャー・キャピタルから支援を受けた企業が採用するモデル）ではない。本拠地はセントルイスに置いている。サンフランシスコやニューヨークといった典型的なスタートアップの中心地よりも、はるかに安くオフィスを借りることができて生活費も安い土地だ。

Need/Wantは、ソーシャルメディアとニューズレターに大きく頼っている。いずれも無限にたくさんの人にメッセージを届けられる仕組みであり、**一対多数の関係をつくれるので、多くの人にアプローチするために人を増やす必要はない。ただメッセージとポジショニングの精度を上げていくだけでいい**——同社は、広告キャンペーンやEメール・キャンペーンで、A／Bテストのようなツールを使って絶えずこれを試みている。A／Bテストは、少数の選択肢のなかでどれがいちばん効果的か試し、最も効果があるものを採用するテストだ。

第2章で紹介したブロガーで作家、写真家のジェームズ・クリアは、デジタル製品をつくり宣伝する自分のビジネスで、多くの人にメッセージを届ける仕組みを開発した。40万人を超える購読者がいて毎週１０００人が新たに購読するメーリングリストを活用して、購読者に向けてつくって売る商品を選んでいるのだ。ジェームズの有料商品はふたつのシンプルなルールに従っていて、そのおかげで彼はカンパニー・オブ・ワン（アシスタントがひとりいる）をつづけることができ、多くの読者と商品購入者の役に立っている。

**ジェームズの第一のルールは、管理があまり、あるいはまったく必要のない商品をつくるこ**

**とだ。**彼が販売するデジタル・コースには、ライブのオンライン・セミナーやトレーニング・セッションはない——顧客はコンテンツを買い、あらかじめ録画されたビデオを自分の好きな時間に観る。**第二のルールは、提供するものすべてに1回かぎりの料金を徴収することだ。**だれかのお抱えになったり、継続的にコンサルティングをしたりすることはない。基調講演をするのなら、現地へ飛び、話をして質問に答え、翌朝には立ち去る。このふたつのルールが、ジェームズのビジネスを小規模にとどめ、経費と出費を少なくして、何より研究、執筆、情報発信など、やりたいことに取り組む時間をつくるのに役立っている。規模を大きくすることなく多くの人に届く商品をつくりサービスを提供することで、ジェームズは利益を出しながらビジネスを自分の望む生活に合わせて最適化しているのだ。

当然ながら、ほとんどの人や会社は、ジェームズのように生活を出発点に仕事のことを考えはしない。ビジネス・モデルからはじめて、楽しくない仕事でいっぱいの毎日にうんざりすることになりがちだ。**〝どんな商品をつくれるか〟、〝どんなサービスが提供できるか〟と考えるのではなく、〝どんな生活を送りたいか〟、〝どのように毎日を過ごしたいか〟をまず考えるべきだ**とジェームズは言う。そこから逆算して、商品を多くの顧客に届ける効率のいいビジネス・モデルを考えればいい。

これをさらに分解して、このような仕組みをどう整えて、カンパニー・オブ・ワンの創造、つながり、連携を助ければいいのかを見ていきたい。

## ブランドと工場の望ましい関係

企業が商品アイデア、マーケティング、セールスを生産から切り離していることは、だれもが知っている。このやり方がまずいと、低い倫理基準、不当な賃金、過剰生産による厖大な量の無駄の発生など、さまざまな問題が生じる。

ブランド戦略と生産が切り離されるようになった当初、大企業は、最低限の質のものをつくることで莫大な富を生むことができると考えていた。そして近年、この考えはグローバリゼーションの力によってあと押しされている。しかし、作家で活動家のナオミ・クラインは、グローバリゼーションは、劣悪な労働環境、低い賃金、不当な扱いなど、労働者にマイナスの影響を与えると論じる（『NOでは足りない――トランプ・ショックに対処する方法』幾島幸子、荒井雅子訳、岩波書店）。クラインの考えでは、カンパニー・オブ・ワンの考え方と軌を一にする新しい運動が生まれ、**人間よりも利益の最大化を優先する道徳的にいかがわしいグローバル・ブランドから人が離れつつある。**そしてこの運動が、ビジネスをもっとスローで小さなものにしたり、オンデマンドにしたりして、あらゆる意味でより〝公正〟なものにしていくだろうと言う。

たとえば、アーサー&ヘンリーのような流行を仕掛ける企業が「スロー・ファッション」を提唱し、服を長く段階を踏んで着るよう顧客に促している——服が新しいうちはオフィスで着て、次にほつれた袖をロールアップして週末にカジュアルに着用し、その後、染みやちょっとした破れができたら庭仕事用にする、といった具合だ。着古したアーサー&ヘンリーの服は、最終的にガレージで雑巾として使われるのが理想だ。一着一着の服から、役に立つものを最後の一滴まで絞り取ることで、農家、水車屋、仕立屋、工場労働者の仕事が最大限に活かされるのだ。アーサー&ヘンリーの成功の指標は、あらゆる形態でのサステナビリティである。安定した収入を確保して、チャリティに寄附し、環境への負荷を最低限に抑えて、全労働者の利益を最大化する、それこそが成功なのだ。

ブランドと工場を望ましいかたちで切り離すことで、多くの人にアピールして倫理的で利益の出る仕組みをつくっているもうひとつの例が、エリー・ディンとカン・ディンが創業したガールフレンド・コレクティヴだ。同社は、ほぼすべてリサイクルのペットボトルを使って、台湾でブラジャーやレギンスをつくっている。**スロー・ファッションを提唱し、粗悪品を大量生産することに反対しているので、納品までには時間がかかるが、それでも顧客はよろこんで待つ。**労働者は最低賃金より25%高い報酬をもらい、無料の昼食を提供されて、指導つきの運動のために休憩時間を与えられ、健康保険にも加入して、6か月ごとに無料の健康診断を受ける。環境への配慮、リサイクル、廃水処理は、製造業者向けの政府基準を上まわっている。

海外の工場の多くは、ありとあらゆるブランド企業の製品をつくる。そうすることで稼働率を上げ、コストを抑えているのだ。どこかの提携企業の注文が少なければ、別の企業の注文を大量に受けて生産を切り替える。ひとつのブランドに縛られないことで、工場は数多くの連携企業と仕事ができる。このために生産のペースが落ちることもあるが、よりサステナブルで、オンデマンドにも近い仕組みができ、そこでは生産が需要を上まわることはない。

## 正しいメールを正しい人に正しいタイミングで送る

顧客との一対一の関係を絶えず減らし、一対多数の関係に集中することで、カンパニー・オブ・ワンはビジネスの規模を拡大せずに顧客とのつながりを広げられる。たしかに第7章で見たとおり、人と人のつながりはとても大切であり、学び、共感し、適応し、見なおすには、顧客との直接のコミュニケーションがつねに求められる。しかし、つながりの大部分はまとめて行える。

その完璧な一例が、Eメールによるマーケティングだ。メールを5万人に送るのもひとりに送るのも手間は同じだ。まさにそれゆえ、ほとんどのカンパニー・オブ・ワンは、ニューズレターとEメールの自動化に大きく頼っている。これらは、関係と信頼を築き、さらには収入を確保する強力なツールだ。**データ&マーケティング協会によると、Eメール・マーケティングの投資利益率は平均で3800%にのぼる。規模を拡大することなく多くの人に届けるのに有**

**効な手段だといえる。**

つながりをつくる仕組みは、ただスイッチをオンにして利益が増えるのを見ていればいいというものではない（ほんとうに金のなる木を植えられると信じるようなものだ）。これらの仕組みが最適に機能するように最初によく考え、繰り返すなかで手を加えていく必要がある。顧客とのコミュニケーションが自動化されていても、その仕組みを効果的に機能させるには、第6章で論じたようにやはり個性が必要だ。つながりによって多くの人に届けるポイントは、現在と未来の顧客に、必要なときにオンデマンドで情報を得ているかのように感じてもらうことにある。不親切でいらだちを覚えさせるコンピュータ応答の無限ループに顧客を追いやってはいけない。

Eメールのような連絡手段では、内容を個人に向けてカスタマイズしたり、細分化したりするのが鍵になる。**正しいメールを正しい人に正しいタイミングで送らなければならないのだ。**そうしなければ、たとえば、すでに商品を買っている顧客に売りこみのメールを送るなど、関係ないメッセージをむやみに送りつけることになる。MailChimpのようなツールがあれば、送信先をフィルターにかけてターゲットを絞るのに役立つ。まだ購入していない人に向けて商品紹介を送ったり、特定の場所に住む人に店舗でのセールを告知したり、関係する商品をすでに持っている人にさらに高額の商品やそれと組み合わせて売れそうな商品を紹介したりできるのだ。また、**キャンペーン・モニター社の調査によると、件名を個人向けにカスタマイズしたメ**

**ールは、ひらいてもらえる可能性が26％高くなる。**イプシロン・Eメール研究所によると、細分化された自動メールは、70・5％の確率でひらいてもらえて、クリックしてもらえる確率も通常の一斉送信メールより52％も高い。

つながりをつくる手段の効果と顧客転換率を高めるには、念入りにテストをする必要がある。さいわい、Eメール・マーケティングのソフトウェアなどでは、A／Bテストが実行できる。ウェブサイトのマーケティング・メッセージでも同様のA／Bテストを実行して、エンゲージメントと取引を増やすことができる。

わたしのビジネスでは、毎年、Eメール・マーケティングによる売り上げが93％を占める。Eメール・マーケティングによって何千人もの購読者とつながり、最新情報や教育的な記事、商品の宣伝を送っているのだ。1通のメールを書くだけで、たちまち3万人に届けることもできる。一人ひとりと毎日連絡を取ることなく、お金を払ってくれている1万人の顧客にものを教えることもできる。

ニュースレターの自動化は、大きな規模で顧客教育と顧客維持を向上させるのにも使える。**商品の購入直後に自動メールを送れば、その商品の最もいい使い方を示したり、よくある質問への回答を載せたりして、カスタマー・サポートのリクエストを大幅に減らせる。**それに、自動送信で最新情報や注意事項を伝えたり、購入後一定期間を経てフォローアップをしたりすることで、顧客が商品を使いつづけ、ほかの人に伝えてくれる可能性も高まる（たとえば、メールのなかのボタンを使ってソーシャルメディアで共有してくれる)。

コンサルタントやフリーランサーなど、顧客サービスに焦点を絞ったカンパニー・オブ・ワンも、自動化ソフトウェアを使って一対一のやり取りを減らすことができる。新規顧客と仕事をはじめるときでも、仕事が終わったあとのフォローアップのときでも同様だ。

わたしの「クリエイティブ・クラス」を受講したデザイナー、ジェイミー・リー・ホーゲンドーンは、〝冷やかし〟客からのメールを処理する時間を大幅に減らした。**入口のプロセスをほぼ自動化し、自動送信メールによってサービスと価格の情報を示して、相談の日時(ジェイミーの予定があいている時間)を予約できるようにしたのだ。そうすることで、仕事としてお金を払ってもらえるようにするまでにかかる時間を、8~16時間からたった1時間にまで減らすことができた。**仕事を獲得できる率も高まった。顧客はメールへの返信を待つことなく、すぐにサービスについての情報を得られるからだ。それに、ジェイミーの温かくスタイリッシュな個性は、自動メッセージのなかでもやはり輝きを放っている。

SaaS(サービスとしてのソフトウェア)がどんどん普及し、カンパニー・オブ・ワンを経営する際の雑用に時間をかけずにすませられるツールも広まっている。そのおかげで、カンパニー・オブ・ワンは核となる仕事により多くの時間を割くことができる。また、時間、スタッフ、経費を増やすことなく、勢力範囲や利益を拡大できる。

## オンラインとオフラインを効果的に切り替える

独立して働いているからといって、必ずしも自分ひとりで働いているわけではない。仮にあなたのカンパニー・オブ・ワンがあなたひとりの組織でも、業務委託先からパートナー、クライアントまで、ときにはほかの人と連携する必要がある。もしあなたのカンパニー・オブ・ワンが組織内の小さなチームだったら、さらなる連携が必要だ。しかし、連携は諸刃の剣である。テクノロジーによって、リアルタイムで簡単にほかの人と結びつくことができるようになったが、そのせいで集中して深い仕事に取り組むことがむずかしくなっているからだ。

昔は、社内のコミュニケーションは、会議や予定に組まれた電話会議など、対面や直接のやり取りで行われていた。しかし、職場がリモート環境になったり、フレックス・タイム制が広がったりするなかで、そうしたコミュニケーションはどんどん効率が悪くなってきた。そこで、Slackのようなメッセージング・ツール、イントラネット、安価か無料のＩＰ電話といった手段が広く使われるようになり、世界中に散らばるグループが、ともに仕事をするだけでなく、ほんとうの意味で連携できるようになった。

しかし、**こうした連携ツールのせいで、多くの企業は知らず知らずのうちに社員の時間を奪っている。社員がオンラインにしていると、絶えず邪魔が入るからだ。**ステータスを「在席」

にしておき、カレンダーを共有して、グループ・メッセージにつねに返信するよう求められていたら、なおのことだ。リアルタイム・メッセージのせいで、決まった議題もなく全日の会議を毎日やっている状態に陥りかねない。

ユーザー・オンボーディング社の創業者サミュエル・ヒューリックは、Slackのようなツールは〝非同期っぽい〟ものだと考える。ほんとうの意味でリアルタイムでもなければ（延々と返事を待たなければいけないこともある）、非同期でもない（つまり、すぐに反応しなくていいわけでもない）。メッセージング・ツールを使えば連携が大きくすすむと思われるかもしれないが、ゆっくりドリップするコーヒーメーカーのように、だらだらとした会話が一日中つづくだけのことも多い。

リアルタイムの連携は、チーム全体でともにブレインストーミングしたり問題を解決したりする必要があるときには非常に役立つが、それを四六時中求められると完全に邪魔になる。したがって、BasecampやBufferのような企業は、一日のほとんどの時間は、そうした邪魔になる連携ツールをオフラインにしておくよう社員に伝えている。これらの企業は、緊急事態でなければすぐに対応することは求めない（緊急事態はめったに起こらない）。概してこれらの企業では、数分ではなく数日のあいだに対応すればいいと考えられている。

連携が対面からデジタル機器にまで広がり（携帯電話やタブレット端末など、仕事の外で使うものにまで広がっている）、集中して効率的に仕事をするのが妨げられるところまで侵蝕してきている。

プロジェクトをすすめるのに複数のチーム・メンバーからインプットが必要なときに、連携を広げるのは意味がある。その完璧な例が〝ハッカソン〟だ。これは、〝ハック〟（実験的なプログラミングのことであり、コンピュータ犯罪のことではない）と〝マラソン〟をひとつにしたことばである。ハッカソンでは、ソフトウェア開発者、デザイナー、プロジェクト・マネージャーからなる小チームがいくつかつくられ、各チームがスピードと目的意識を持って連携し、数時間から数日で大きなプロジェクトをひとつ完成させる。そこには具体的な目的がある。たとえば、企業が売るソフトウェアの新機能を考えたり、ニューヨーク市がしたように、自治体が民間セクターと関係を築くのに使う新しいウェブサイトをデザインしたりといった具合だ。ハッカソンの最後には、各チームが一連の実演をして、成果をほかのグループと共有する。

**きわめて大きな成功を収めたイノベーションが、ハッカソンから生まれている。Facebookの「いいね」ボタンもそのひとつだ。ハッカソンがうまく機能するのは、1日24時間週7日つねにオンラインでつながる連携ではなく、集中して取り組む連携だからだ。**共通のゴールと目的に向けてみんなが連携するので、楽しく活気に満ちて生産的になる。そしてハッカソンが終わると、みんな普段の仕事に戻る。

本章の別の場所でわたしは、ビジネスのある種の側面を拡大するようアドバイスしたが、連携はカンパニー・オブ・ワンが縮小すべき分野だ。**ずっとオンライン状態で、つねにつながっていて、細切れにメッセージが届き邪魔される環境から、はっきりと決められた時間のなかで、ともに働いて大きな仕事を成し遂げるやり方へと移行する必要がある。**そうしなければ、つねにメッセージに対応することになり、毎日毎時間邪魔されかねない。

# 第９章　知っていることはすべて教える

ブライアン・クラークは、１９９０年代なかばに弁護士として立派な法律事務所で仕事をはじめた。しかし、問題がひとつあった。ブライアンは作家になりたかったのだ。しかもただの作家ではなく、自分が書くものとその出版のされ方を完全に自分でコントロールできる作家になりたかった。そのため、インターネットという新しい媒体を使うことにした。

ブライアンは法律事務所を辞めて大衆文化について書きはじめ、ウェブサイトの広告とアフィリエイトでお金を稼ごうとした。残念ながら、生活費をまかなうほどの収入は得られなかった。そこでブライアンは、マーケティングについて学びだした。もっぱら参考にしたのは、マーケティングの権威セス・ゴーディンだ。ゴーディンは、メーリングリストの購読者を増やし、ほかの人の商品の広告を載せるのではなく、自分の商品を売りこむべきだと論じていた。

ブライアンは次の段階にすすんだ。法律の学位を持っていて、資金は底をつきかけていたので、好きな執筆活動と弁護士としての経験を組み合わせたウェブサイトを立ちあげたのだ。ロースクールでは、若い弁護士は定評ある法律事務所に就職すべきだと教わった。そういう事務所の経験ある弁護士たちがクライアントを抱えているからだ。しかしブライアンは自分自身の顧客を見つけようと決め、弁護士から法律の問題について学びたい人に情報を提供することにした。週に一度、無料で情報を提供する試みは成功を収めた。役に立つ文章を書いていたため、読者は彼の専門性を信頼して、ただの弁護士としてではなく必要な情報を共有してくれる人とみなし、彼に仕事を依頼したいと望むようになったのだ。たちまちブライアンのもとには、法律問題を解決するために彼を雇いたいという熱心な人たちがたくさん集まった。

しかし、ブライアンはやはり弁護士としては働きたくなかった。そして、現在経営するビジネスに向けて過渡的な一歩を踏み出した。お金になって、インターネットの知識があまりない業界に集中することにしたのだ。不動産である。インターネットのコンテンツ・マーケティングと情報提供について学んだことを活かし、ブライアンは焦点を絞った不動産仲介会社をふたつ立ちあげた。1年もしないうちに、彼は最初に就職した法律事務所でパートナーになってももらえなかったほどのお金を稼ぐようになった。

しかし問題があった。この大成功のなかでブライアンは疲れきってしまったのだ。ブライアンはマーケティングとオンライン教育に秀でていたが、成長する企業の経営者としては失格だった。ふたつの会社をまわしていくのは、ひどく手間のかかる仕事だった。経営の手順を文書化していなかったため、ほとんどの仕事をひとりで背負うことになったからだ。そして2005年、スノーボードで大怪我をして数か月間仕事ができなくなった。それを機にブライアンは会社をふたつとも売却したが、新しいオーナーはどのように経営がなされていたのかわからず（文書化されていなかったことも当然足を引っぱったはずだ）、いずれもその後すぐに倒産した。

ブライアンは、CopyBloggerをまず副業としてはじめた。怪我をする前に十分貯金をしていなかったので、フルタイムではじめることはできず、生活費をまかなうためにコンサルティングの仕事をたくさんこなしていたのだ。しかし、インターネットの世界は、コンテンツ、情報共有、教育を組み合わせることで、あらゆるビジネスにとって有用なマーケティングができることに気づきだした。そして、企業にコンテンツ・マーケティングの活用法を教えるCopyBloggerが徐々に成功を収めていった。

前に経営していたオンラインの不動産仲介会社で、ブライアンは自分の競争上の強みは競争相手よりも多くをシェアすることにあると学んでいた。そして、CopyBloggerでもまさに同じことをした。コンテンツ・マーケティングについて知っていることをすべて共有し、たちまち読者を増やしたのだ。ブライアンの考えでは、メーリングリストでコンテンツを共有し、そうすることで購読者を増やすのが手堅いビジネス・モデルである。読者がブライアンに何を求めているかがわかり、それを提供できるからだ。**ブライアンがセス・ゴーディンから学んだのは、自分が情報を提供している相手、つまりほんとうに自分から話を聞きたいと思っている人にものを売るほうが、自分のことを知りもしない人をオンラインで呼びとめようとするよりも、はるかに効果的だということだ。**毎年、この考えが正しいことが証明され、CopyBloggerが発売する商品はすべて成功を収めていった。一つひとつの商品は、ブライアンが共有するコンテンツの読者と交流し、読者から話を聞くことで直接得た情報をもとにつくられた。この「コンテンツを通じた教育」が、売り上げに必要な信頼を築くのだ。

もちろん、ものを売るときの典型的なモデルは〝操作〟だ。押しの強い中古車販売員のように、相手が観念して購入するまでプレッシャーをかける。しかし、自動車販売店から不動産会社、企業間取引（B2B）の販売業者まで、どの分野でも、よい販売員は相手が必要なものを誠実に見きわめ、自分が売る商品の価値を説明することで売り上げを伸ばせると知っている（自分が売る商品が相手のニーズに合わなければ、それも知らせなければならない）。コンテンツや情報を共有するのは、販売プロセスの出発点として効果的だ。顧客になる可能性のある人たちに、何が必要か、なぜそれが必要なのか、あなたの商品がどのように問題解決を手助けするのかを考えてもらえるからだ。

いまはRainmaker Digitalと名を変えたCopyBloggerは、「すべてを共有する」というこの考え方をお金に換えている。現在の年商は1200万ドルを超え、20万人を超える顧客がコンテンツ管理ソフトウェア、オンライン・コース、WordPressテーマを購入している。同社の成功は、高収益や売り上げ増に力を入れた結果ではなく、顧客の学びのニーズに焦点を合わせ、それについて（無料の記事や有料のデジタル商品で）情報を提供することによって実現したのだ。明らかに同社は正しい優先順位をつけたのであり、それが報われている。

**カンパニー・オブ・ワンとしてほかから抜きん出て顧客を獲得するには、競争相手よりも規模を大きくするのではなく、競争相手よりもたくさん教えてたくさん共有しなければならない。**この方法をとれば、プラスの結果がいくつか得られる。

第一に、あなたのことを教師だと考える人たちと関係を築くことで、その分野の専門家とみなされるようになる。あなたがインターネット関係の法律問題についてニューズレターで毎週情報を提供していたら、読者はあなたの見識を信頼する。そして、ブライアンがそうだったように、法律上の問題で手助けしてくれる人を雇う必要ができたら、おそらく真っ先にあなたのことを思い浮かべる。

第二に、あなたが売っているものの強みを示すチャンスができる。たとえば、あなたが電気自動車を売っているのなら、その利点――ガソリンを買わなくてすむことで、1年にどれだけ節約できるか、ガソリン車よりもなぜ、またどれだけ安全か、どれだけ環境にやさしいか、など――を説明することで、過剰に売りこむことなく、あなたから買うべき理由を示すことができる。ただ相手が必要とする情報を誠実に、説得力を持って、役に立つかたちで提供し、その商品を購入するのがいいことか否かを相手に判断してもらうのだ。

第三に、新しい顧客に製品やサービスの最適な使用法を教えたり、最善の活用法やそれを利用して最も成功する方法を示したりすると、彼らが長期的な顧客になり、いい経験をしたことをほかの人にも話してくれる。

情報を教えることがカンパニー・オブ・ワンにプラスになる最後の理由は、一部の機密情報（まだ実行していないアイデア、ビジネス戦略、特許になるテクノロジーなど）を除いて、ほとんどのアイデアやプロセスは厳重に隠しておく必要がないからだ。ほぼすべての領域で透明性を確保し、公明正大に会社を営んでいれば、もっぱら顧客との信頼を築く手助けになる。

## アイデアは隠すより共有して実現したほうがいい

こんなことを言う人に、これまでたくさん会ったことがあるのではないか。「わたしは［Amazon、Zappos、Google］のアイデアを、その会社ができるずっと前から持ってたんです――わたしが金持ちになっていないといけないんですよ！」。しかし、**アイデアは通貨として有効ではない。ビジネスでは、実行のみが唯一有効な通貨だ。**

これはかなり異論の多い主張だと思われるので、説明を加えておきたい。アイデアだけでは価値がないのは、それが実行の外側にあるからだ。たとえばわたしは、規模の拡大を疑問視するというアイデア自体は長年、興味を持つ人みんなとニューズレターやポッドキャストで共有していた。しかし、著作権のある本でアイデアを共有するのは、それとは異なる。著作権の目的はアイデアを守ることにあるわけではない（規模の拡大を疑問視するというテーマについて、もっとたくさんの人が本を書いてくれたらうれしいし、わたしはそれを応援する）。実行の部分を保護することにあるのだ。つまり、この本の具体的なことばや流れをつくりあげるのにかかった何か月分もの調査と執筆の部分を守るのが著作権である。**知的所有権を保護するのは重要だが、一般的なアイデアを守るのは重要ではない。アイデアしかないのなら、まだ仕事はしていないということだからだ。**

アイデアを遠くまで広く共有すると、あなたの商品の支持者を獲得するのに役立つうえ、あなたの商品が象徴する価値観や考えを中心とした動きを生むこともあと押しできる。規模の拡大を疑問視する考えの周辺で、さらなる書籍、研究、アイデアが登場すれば、最終的に本書や類書にもプラスになる。

総合格闘技団体ＵＦＣのアイデアは１９９３年に誕生したが、それを実現しようとした人たちは、試合ルールへの反発と政府からの反対のために、ほぼ破産状態に陥った。つまり、アイデアはあったがそれを実行できず、利益を出せなかったのだ。カジノ界の大物がふたり乗りこんできてルールを変え、政府の基準にも適合するようにして、はじめてＵＦＣは10億ドルのビジネスになった。アイデアだけでは、ＵＦＣをビジネスとして成功させることはできなかった。正しく実行することも（また、それにふさわしい人が実行を担うことも）必要だったのだ。

**利益をあげる巨大グローバル企業の多くは、古いアイデアをとてもうまく実行に移した会社だ。**Facebook は MySpace の改良版で、いずれも実質的にはデジタル上の出会いの場である。タクシーは人をA地点からB地点にはこぶ。Uber や Lyft は、このサービスをもっと便利にする方法を考え出しただけだ。どれもアイデアに10億ドルの価値があったわけではない。アイデアを実行に移したそのやり方に10億ドルの価値があったのである。だから、カンパニー・オブ・ワンはアイデアを共有するのを恐れる必要はない。実行の部分がうまく管理されていて、アイデアが秘密のものでないかぎりは問題ないのだ。

完全に新しいアイデアは、ほぼ存在しない。ほとんどのアイデアは、すでにある企業、企画、アイデア、解決策をアレンジしたものだ。**アイデアを共有しないで守ることに時間とエネルギーを費やしていると、ほかの人から批判的なフィードバックをもらってアイデアに磨きをかけることができなくなるおそれがある。**顧客になる可能性のある人とビジネスのアイデアを共有するのも有益だ。多くの時間とリソースを投じる前に、早い段階で関与してもらえて、アイデアをよりよく実行に移せるよう手助けしてもらえるからだ。

## 顧客教育という新しいマーケティング

ジェシカ・アベルはコミック・ブック・アーティスト、作家、教師だ。オンラインで活動するとともに、ペンシルヴェニア美術アカデミーでもイラストレーションの学科長として教鞭を執っている。

知っていることをすべて教えるというやり方は、人間としてのジェシカに深く刻みこまれている。1990年代に彼女が最初につくったウェブサイトは、自分のコミック・ブックのつくり方を説明したものだった。それからずっと、彼女はほかの人に教えつづけている。創造的なアイデアを仕掛けることに力を入れるジェシカは、自分の専門知識をすべて共有する。情報を共有することで、彼女のビジネスは情報を受け取る人と信頼関係を築いてきた。その分野ならジェシカのところへ行けばいいと自信を持って思ってもらえるわけだ。

教室で授業をする教師としてジェシカは、コースを最初に教えるときにはやや混乱が生じることを知っている。それでも授業をうまくこなし、概念を学生たちに説明するが、この第一ラウンドの授業で質問や誤解が出てくると、シラバスのどこを修正したり考えなおしたりすべきかよくわかる。つまり、教室で教えることで、授業改善に欠かせないフィードバックをもらっているわけだ。授業は、学生と同じぐらいジェシカにとっても役立っているのである。まず教えてフィードバックを得なければ、いい授業を学生に提供することはできない。

**顧客教育、つまり知識のある買い手になってもらうよう顧客に知識、スキル、能力を提供することは、販売サイクルのなかで最も重要な部分のひとつだ。たいていわたしたちは商品にあまりにも近いところにいるので、ほかの人もその商品のことを詳しく知っていると思いがちだが、ほとんどの場合そんなことはない。**顧客は、自分が何をわかっていないのかもわかっていないのだ。あるいは十分な知識がなく、その情報がどれだけ自分や自分のビジネスに役立つのか、または利益をもたらすのかわかっていない。

過去の企業は、顧客教育に必ずしも熱心に投資していたわけではない。そこに明確な、あるいは直接的な経済的利益を見いだせなかったからだ。従来の（理解不足の）通念では、知っていることをすべて顧客に教えたり、商売の内幕を明かしたりすると、顧客がその知識を使ってあなたからものを買わなくなる――さらに悪いことには、あなたから得た知識を武器に競合他社からものを買う――と考えられてきた。しかし、このような不安にはなんの根拠もない。それどころか、MITスローン経営大学院のアンドレアス・アイジンゲリッヒとサイモン・ベルが行った研究によると、実際にはその反対のことが起こる傾向にある。

アイジンゲリッヒとベルは、投資会社の顧客1200人を対象に調査を行った。**その結果、その投資会社が提供する金融商品のよい点と悪い点について知らせれば知らせるほど、顧客はその会社のことを信頼して会社に忠誠心を持つようになり、わざわざ情報を提供してくれるこ**

**とに感謝するようになることがわかった。**

実際には、多くの企業がマーケティングの策略や不誠実な広告を使って消費者をだまし、すばやく、ときに衝動的に決断をさせている。しかし最近では、多くの消費者が商品について誠実で公明正大な情報を求め、自分のペースで購入の決断を下すようになっている。その種の重要な情報を提供すれば、あなたの会社は顧客と強い結びつきをつくることができる。決断前の情報収集の段階で、あなたの会社がいちばん頼りになったと感じるからだ。

これがどう機能するのか、その一例をあげよう。新興のマットレス企業キャスパーは、直接販売とインターネット・マーケティングに完全に焦点を絞り（Need/Wantと同じだ）、睡眠に関する教育を活用して間接的に商品を売っている。昔は、マットレスを買いたい人は店に足をはこび、実際にいくつかのマットレスに横たわってみて、いちばん快適なものを選んでいた。キャスパーは完全にオンラインで販売するため、それとは別のやり方、より教育に焦点を合わせた方法をとることにした。キャスパーは、「ヴァン・リンクルズ」と「ピロー・トーク」というふたつのオンライン刊行物で、夜にぐっすり眠るのがなぜ重要なのか顧客に教えている。いずれも過剰にマットレスを売りこもうとはせず、広告や購入用リンクだらけでもない。キャスパーが睡眠の科学について知ったことをすべて伝え、そうすることで同社のブランドに対する消費者の信頼を高めているのだ。競合他社をしのぐ試用期間を設け、満足しなければ例外なく全額返金することを約束して、キャスパーは小売店に展開したり卸売活動をしたりせずに市場シェアを広げている。

カンパニー・オブ・ワンは、顧客を教育するこの新しい傾向に従うのが望ましい。製品やサービスについての重要な情報を共有することで、新しい顧客にその使い方や最も有効な活用法を知ってもらえる。顧客が考えていなかった使い方を示すこともできる。この種の情報共有が足りないと、顧客の不満と不信感につながりかねない。買ったものの使い方がよくわからずに、ほかからまた別の商品を買うことすらあるかもしれない。

このように、商品についての情報を共有すれば、共有した情報にもとづいて、あなたの会社が最善の選択肢だと顧客に確認してもらえる。選択を押しつけることなく、そうしてもらえるのだ。

**明らかに、このすべての大きな推進力になっているのがインターネットだ。インターネットが教育を民主化した。顧客教育というマーケティングの新形態に、ビジネスは注目しておかなければならない。**教育によって、ただ実用的な目的のために機械的に買うものと、暮らしにほんとうの目的を加えてくれるからと熱意を持って買うものとのあいだに真のちがいが生まれる。カンパニー・オブ・ワンとして、あなたが自分の商品について教えることが、あなたをほかから際立たせる。だから、たとえばメーリングリストのソフトウェアを売るのなら、Eメール・マーケティングの重要性について顧客に教えるようにしよう。スポーツブラを売るのなら、フィットネスやランニングの科学について教えよう。スーツケースを売るのなら、旅の裏技を教えよう。

## 売りつけるのではなく、役立つことを教える

あなたがカンパニー・オブ・ワンなら、あなたの領域で専門家として権威を示すことが何より重要である。どこにも隠れるところがなく、あなたひとりしかいないからだ。

販売やマーケティングについていえば、消費者は大きな企業を選びがちだ。商品を支える人と設備が多いというだけの理由で、〝より安全〟だと思われるからである。権威はこうした直感への対抗手段になる。販売している商品についての権威であると感じてもらえれば、顧客の懸念を和らげることができるからだ。顧客は、あなたがただ答えを持っているだけでなく正しい答えを持っていて、大手競合他社ができないやり方で手助けしてくれるはずだと信頼するのである。

つまり、**顧客を教育することで、あなたに能力があることを一貫して示し、顧客があなたの考えを尊重してそれに価値を見いだす環境をつくるということだ。**

この種の権威を築くことで、どの業界でも際立った存在になれる。会社の規模に関係なく、同業者や顧客があなたの専門性を頼りにするようになるからだ。口コミで評判が広がったり、Googleの検索結果で上位に表示されたり、イベントで話して欲しいと招かれたりするように

なる。これはすべて、あなたの専門性に価値を見いだしてもらえるからだ。では、どうすれば権威を築くことができるのか。どのような仕組みでそれは機能するのか。

あなたの業界のリーダーたちを思い浮かべると、そういった人たちは権威のイメージをまとっていることがわかるだろう。たとえば、グラフィック・デザイン分野のデビー・ミルマンや、電気自動車分野のイーロン・マスクなどだ。わたしたちは、こういった人たちに答えを求め、彼らから学ぶ。そして、これらの人たちから教えを受けていたら、おそらく彼らからものを買う。

いまのビジネスでは、自分が権威であると言うだけでは足りない。自分が知っていることを共有して人に教えることで、実際に専門性があることを示す必要がある。自分を売りこむことによってではなく、聴衆や読者、顧客がほんとうに学び、理解して、成功できるように教えることで権威を築くのだ。それを継続的に実現していれば、正しい権威を築いていける。

あなたの専門について教えていれば、ほかの人に何かのやり方を示しているというただそれだけのために、あなたは権威になる。何かを売りつけられていると感じたら、人は警戒する。しかし、何か役に立つことを学んでいると感じれば、たいてい引きこまれて心をひらく。教えられれば教えられるほど、あなたのことを専門家とみなすようになる。そして何かを買う段になると、その専門性に高いお金を払いたいと感じるのだ。エモリー大学の神経科学者グレゴリー・バーンズが2009年に行った研究によると、望んでいたアドバイスを専門家から受けると、脳の意思決定中枢が動きを緩めたり止めたりする。顧客はいつも、普通のＣＥＯや有名人よりも専門家をはるかに信頼するのだ。

Basecamp は、コンバージョンや顧客獲得に社内目標やノルマを設けてはいない。唯一指示しているのは、本を書いたり、コンファレンスで話したり、シカゴのオフィスでワークショップを催したりして、ほかのだれよりもたくさん情報を共有して教えることだ。このワークショップは「Basecamp の仕事術」と名づけられ、社内コミュニケーションから組織経営まで、同社が成功するためにしてきたことをすべて共有している。**何も隠さず、何も例外にしない。**この１０００ドルのワークショップは、たいてい募集開始から数分で満席になる。知っていることを教え、どのように会社をうまく運営しているかを示すことで、同社は規模拡大にこだわらないテクノロジー企業に頼りにされる専門家になっているのだ。

どの業界であっても、こうした専門家が際立った存在になるのは、自分の知っていることを教えるからだ。アイデアを無料で共有して提供する。製品のため、サービスのため、本のためのイノベーションを盗まれるのではと心配することはない。独自のスタイルと個性で、アイデアをほかの人よりも速く、よりよく実行に移して共有するだけだ。このアプローチが、ビジネスの成功につながるのである。

カンパニー・オブ・ワンにとって、教えることほど信頼と専門性を築くものはない。あなたの教えを受け入れる人は、あなたが共有する情報をそのまま信頼する。あなたが継続的に（メーリングリスト、講演、ウェブサイトなどを通じて）有意義で役に立つタイムリーな知識を提供していれば、みんなあなたを頼りにして、さらなる情報を求めるようになる（そして、そこからお金を取ることもできる）。教えるのに多くの時間、リソース、お金は必要ない。耳を傾けてくれる人に、自分が知っていることを話すだけでいいのだ。

つまり、知っていることはすべて教え、恐れることなく最もいいアイデアを提供すればいい。

# Ⅲ　つづける

# 第10章 信頼のための戦略

グレン・アーバンは、20年にわたってオンライン上の消費者とビジネスの文脈で信頼について研究してきた。インターネットの普及により、デジタル上でものが買えるようになっただけでなく、買ったものを消費者がレビューできるようになり、消費者が大きな力を持つようになった。

**アーバンの研究が一貫して示してきたのは、商品を検討したり、試したり、買ったりする人の傾向が、信頼と深く関係していることだ。**この発見はインターネット以前の時代からのものであり、一対一の関係が築かれていた家族経営の商店にまでさかのぼる。これらの商店は、よい商品を適切な価格で提供すると信頼されていたので、個人的な関係を土台にして何世代にもわたって顧客との取引がつづいた。インターネットはこの関係を広げ、ソーシャルメディア、ソフトウェア、ニューズレターといったツールを使ってつながりを拡大してきた。信頼、透明性、コミュニケーションはやはり絶対に必要だが、顧客との関係は、会社の規模を大きくしなくても広げることができるのである。

アーバンによると、Amazonや eBayでの購入証明つきのレビューは、購入を検討する商品についてもっと知りたい人とのあいだに信頼を築くのに役立つ。レビューはときに悪用され、企業が人を雇っていいレビューを書かせることもあるが、Amazonや eBayは、それを防ごうと絶えず努めている。

航空や携帯電話など一部の業界では、信頼はそもそも存在しないか、日常的に損なわれている。コストを抑えようとする圧力と、低価格を求める消費者の好みのために、これらの業界はぎりぎりまでコストを削減した。その結果、顧客の扱いに影響が出て、消費者の信頼を失ったのである。

資産管理サービスもまた、インターネットによって変化した。意見や情報がインターネットで共有されるようになったことで、運用実績よりも手数料をたくさん稼ぐことを優先させる強引なセールスのモデルが、Wealthsimpleのような新しいロボ・アドバイザー・サービスによって脅かされている。通常の銀行は手数料の半分を営業担当者に歩合として渡すが、Wealthsimpleや同様のロボ・マネジメント・サービスは、顧客のフィードバックと満足度だけにもとづいてボーナスを支給する。**手数料はウェブサイトで公開されていて、だれでもほか**

**の資産管理サービスと比較できる。**

資産管理会社のEllevestは、女性に焦点を合わせた投資への新しいアプローチ（危険選好、ジェンダーによる賃金格差、女性の長い平均余命にもとづいたアプローチ）を築いた。同社は、受託者の義務としてつねに顧客に最善の利益をもたらすよう行動することにしていて、顧客の資産を自分たちの利益のために用いることはない。**手数料を稼ぐためだけに商品を売るという陰の動機が取り除かれるだけで、消費者の信頼は高まるのだ。**こうした理由から、WealthsimpleやEllevestといった透明性のある企業が急速に顧客を増やしている。離れていく顧客はあまりいない。

アーバンによると、信頼構築の戦略は、商品を開発する前からはじまる。信頼を土台にする企業は、なんらかの問題をほんとうに解決するものをつくることで出発する。その後、その商品の有効性を厳しくテストして、その結果と商品の利点を顧客に正直に伝える。この戦略では、新しい顧客を絶えず獲得するよりも、顧客を手放さずにいることのほうが重要になる。

中古車販売店は、欠陥車を売りつけたり走行距離をごまかしたりと、顧客をだますことで悪評高い。アーバンは中古車販売へのインターネットの影響を検討し、販売店が顧客をだます力がインターネットによって失われたことを明らかにした。販売店からの請求書、安全性評価、自動車登録番号と紐づけされたレポート、販売業者のレビューなどを顧客が共有できるようになったからだ。いまでは、新車を買うにせよ中古車を買うにせよ、客は販売員以上の知識を持って店に足を運ぶことができる。

この種の情報をみんなが共有していると気づいたとき、販売店はまず、あらゆる手立てを使ってこれを阻止しようと考えた。しかしインターネットの性質上、それは不可能だ。いまでは、自動車販売店と販売員は新しい透明性をほぼ受け入れて、顧客に適切な自動車を適切な値段で売るよう努めている。そのように売ろうとしなければ、顧客は（ほかの人が同じような車にいくら払ったか知っているので）それに気づき、（ランキング・サイトに否定的なレビューを書いて）みんなに知らせる。したがって現在では、交渉で値段を決めるのではなく、定価を設定するマツダのような自動車会社もある。顧客はほかの人が払った額を知っているので、自分が払う額が最低価格でなければだまされているように感じるからだ。みんなが同じ値段を払えば、みんな満足する。

情報共有が広がって透明性の確保が強いられ、消費者の力が大きくなるなか、企業は創造的なＷｉｎ－Ｗｉｎのシナリオに順応し、ものを売るのと同時に顧客を満足させなければならない。企業はどのようにして信頼とコストのバランスをとればいいのか。たとえば、航空会社がこのバランスをとって信頼を高めようと思ったら、荷物を預けるのにお金がかかることをオープンにし、隠された料金をなくして、オーバーブッキングで客を飛行機から無理やり降ろすことがないようにしなければならない。

アーバンは、企業と消費者のあいだでどのように信頼が築かれるかを研究し、**信頼には3つ**

**の側面があることを明らかにした。信用（〝あなたの言うことを、わたしは信じる〟）、能力（〝言うことを実行できるスキルがあなたにあると、わたしは信じる〟）、善意（〝あなたがわたしのために行動してくれていると、わたしは信じる〟）である。**アーバンは、顧客の味方になる企業の事例を数えきれないほど見つけた。これは誠実さと透明性に長期的に力を注ぐということであり、すべてのカンパニー・オブ・ワンが最初からとるべきアプローチだ。

## 満足した顧客をフォローする意味

なぜこれが、あなたとあなたのカンパニー・オブ・ワンにとって重要なのか。推薦あるいは口コミの力は、代理人経由で信頼を築ける点にある。この商品は買う価値があると仲のいい友だちに言われれば、あなたは耳を傾けるだろう。その友だちのことを信頼しているからだ。そして、その信頼の一部は、友人がすすめる商品にも乗り移る。これはオンラインでもあるていど機能する。フォローしている相手には多少の信頼を置いているので、その人たちがすすめるものは信頼しがちなのだ。

**調査会社ニールセンによると、92%の消費者が、ほかの広告よりも家族や友人からの推薦を信頼する。**口コミ・マーケティング協議会（WOMMA）の調査では、口コミは有料オンライン・メディアの5倍を超える売り上げにつながり、年間6兆ドルの消費支出をもたらしているという。ベライゾンとスモール・ビジネス・トレンズの調査では、中小企業経営者は、新規顧客獲得の方法として紹介と推薦を第一にあげた。これは、検索エンジン、ソーシャルメディア、有料広告による新規顧客獲得をはるかにしのいでいた。

では、規模の大小にかかわらず、企業が口コミや紹介によるマーケティングにあまり頼らないのはなぜか。それにはいくつか理由がある。企業のなかには、何も努力しなくても口コミが自然に広がると期待しているところもある。また、口コミは測定がむずかしい。カフェでの会話からソーシャルメディア上のプライベートな（追跡不可能な）メッセージまで、ありとあらゆる手段で行われるからだ。企業が紹介に頼らないいまひとつの理由は、すぐに大規模に展開するのがむずかしいからだ。これは急激な規模拡大に焦点を絞る大企業にとっては問題だが、カンパニー・オブ・ワンには問題にならない。利益を出すのに、大きな成長や規模は必要ない。はるかに小さな集団でもプラスの効果はあるので、紹介をしてもらえる商品や消費者との関係をどんどん活用すればいい。

カンパニー・オブ・ワンは、おおいに口コミの恩恵をこうむることができる。というのも、カンパニー・オブ・ワンのほうが、この種の個人的な関係を築きやすく、顧客と密接につながりやすいからだ。アーバンによると、小さな企業が推薦によって成功できるのは、特定の人たちに焦点を絞り、その人たちと関係を築くことができるからだ（これはデジタル上でも同じだ）。小さな企業は苦情を受けとめ、顔の見える関係のなかでそれを解決できる。

では、顧客をブランドの支持者に変え、あなたのビジネスについて顧客から知り合いに話してもらうには、どうすればいいのか。**テキサス工科大学の研究によると、83%の顧客が商品をほかの人に紹介してもいいと思っているが、実際に紹介をする人は29%にすぎない。ほとんどの企業は、満足した顧客が商品を積極的にほかにすすめてくれるチャンスを逃していることになる。**当然ながら、まずはよい商品とカスタマー・サービスを提供する必要がある。そうでなければ、どれだけインセンティブを与えても商品の代弁者になってもらうことはできない。わたしのビジネスでは、ある商品の口コミ数を倍増させた。販売1週間後に自動メールを送り、もし満足していたらそれをほかの人にも伝えてもらいたいとお願いして、あらかじめこちらで用意した文面へのリンクをはっておいたのだ。

世論調査会社ハリス・ポールがアンバサダー・ソフトウェアのために行った調査によると、アメリカの消費者の88%が、好きな商品を共有するのになんらかのインセンティブが欲しいと思っている。18歳から35歳の人たちでは、この数字は95%にのぼる。インセンティブを与えるのもユーザーを動かすひとつの方法ではあるが、これには注意が必要である。**金銭的インセンティブを提供すると、ただ利益のために商品の販売促進をしていると思われて、信頼を損ねることがある**からだ。ちょっとした割引、限定のおまけ、特典、プレミアムの機能やコンテンツへのアクセスといったものを提供するだけで、顧客は満足する。また、紹介者と購入者の両方にインセンティブを与えるのも好まれる。たとえば、わたしが紹介してあなたが商品を買えば、わたしもあなたも次に商品を買うときに30％の割引を受けられるといった具合だ。この種のインセンティブには、ひとりではなくふたりの顧客にリピートしてもらえる可能性を増やすというボーナスもある。

得意客の忠誠心に報いることでも、人にすすめてもらうきっかけをつくることができる。MailChimpは、得意客に限定品のおまけを送ることで知られている。たとえば、しゃれたデザインのTシャツ（MailChimpのロゴすらついていないものがほとんどだ）や、〝フレディ〟（ロゴのチンパンジー）のフィギュアなどだ。それを受け取った人は、MailChimpというタグをつけてソーシャルメディアに写真を投稿する。新しいTシャツを着た姿や机に置かれたフィギュアの写真を、フォロワーみんなが目にすることになるのだ。

第7章で取り上げたUgmonkも、口コミの恩恵をおおいにこうむっている。Ugmonkのシャツはとてもスタイリッシュで高品質なので、みんなソーシャルメディアでシェアしたがる。人間味あるカスタマー・サービス（交換品のシャツを送るときに、最初に送ったシャツの返送を求めない）も同様だ。創業者のジェフ・シェルドンは、注目をひく商品には拡散する性質がもともと備わっていることを身をもって経験した。空港で3人の通行人に呼びとめられて、そのとき着ていたユニークなデザインの服をどこで買ったのか尋ねられたのだ。ニッチな顧客に向けて、商品を少しずつよりよく、よりスタイリッシュにすることに力を注ぐことで、ジェフはただ紹介のみによって成長するサステナブルな方法をつくりあげたのだ。

紹介が役に立つのは、製品の世界だけではない。サービスやサービスを基本とするカンパニー・オブ・ワン（コンサルタントからフリーランサー、顧客中心の会社まで）も、口コミからおおいに利益を得られる。実際、Drip（MailChimpのようなEメール・サービスを提供する会社）が実施した調査によると、サービスを基本とする会社の新規顧客は、50％が口コミでもたらされるという。この調査結果は、まちがいなく心にとめておく価値がある。

サービス中心のビジネスは、ただフォローアップをするだけで口コミをフル活用できる。プロジェクトが終わった数週後に顧客と話すことで、大きな利益がふたつ得られるのだ。ひとつ目は、顧客の実際の経験にもとづいた体験談や成功談を集められることだ。プロジェクト終了後すぐに体験談を求めても、顧客には成果をもとにしたデータを集める時間がほとんどない。数週間後あるいは数か月後に（成果を評価するのにかかる時間による）フォローアップすれば、顧客からはるかに有益な体験談を集めることができて、それをマーケティングに利用できる。ふたつ目は、フォローアップのスケジュールを組むことで、サービスを同じように活用してもらえる会社をほかに知らないか、あるいは別のプロジェクトをまた一緒にやる気はないか尋ねることができる（プロジェクトが首尾よく終わったとしての話だ）。満足した顧客とフォローアップの予定を入れることで、メールをチェックしながら仕事が来るのをただ待つのではなく、紹介を真の戦略に変えることができるのだ。

口コミは、細分化された自動メール（第8章で見た）によっても促すことができる。たとえば、**商品を売った1週間後にメールを送って、満足度を1から10までで評価してもらう。その後、7以上の評価をくれた顧客だけに2通目のメールを送信して、インセンティブをつけて商品を売りこむ。**紹介した人とされた人の両方に特典を提供し、あらかじめ用意した文章を送って、顧客にソーシャルメディアやニューズレターで共有してもらうのだ。カンパニー・オブ・ワンは、あなたの商品を紹介して手っ取り早くお金を稼ごうとする人たちに向けてアフィリエイト・プログラムをつくるのではなく、ブランドを支持してくれる既存の忠実な顧客に力を注ぐことで、はるかに大きな信頼を築くことができる。商品をすすめてくれる人が、すでにその商品と直接の関係を持っているからだ。こうした顧客が、あなたの製品やサービスを購入する利点について語ってくれる。

## 小さな集団に焦点を絞り「改善」に集中する

残念なことに多くの人が、とりわけクリエイティブな人たちは、マーケティングを否定的に捉えている。

実際には、そんな必要はない。マーケティングとは、特定の集団とコミュニケーションをつづけ、その人たちと信頼と共感を築くことにほかならない。信頼は、ものを買ってもらう前から築かれていなければならない。したがって、広告メールや勧誘電話の成功率はきわめて低く、量に頼らなければならない。それとは逆に、ターゲットを絞ったクロスセリング（すでに持っている商品と関連するものを売りこむこと）のEメールは、はるかに小さな規模で高い成功率を確保できる。商品を買いたいと思ってもらうには、あなたがその人たちのニーズを理解していて、解決策を提供できると感じてもらう必要がある。これを可能にするには、すべての人に向けてものを売るのではなく、特定の小さな集団の人たちと対話をつづけなければならない。**マーケティングを考えて活用する必要がないほど優れた企業や商品は存在しない。商品がどれだけすばらしくても、しかるべき人に届かなければビジネスをつづけることはできないのだ。**

それにマーケティングは、もはや大企業のなかの縦割りの仕事ではない。カスタマー・サポートから製品デザインまで、ビジネスのあらゆる役割と側面に埋めこまれている。また、マーケティングは、たとえば新商品発売のときなど、一度きりの出来事でもない。Eメールから雑談、ツイートまで、あなたの会社が発信し、現在と未来の顧客が目にしたり触れたりするものすべてがマーケティングである。

規模拡大よりも改善に集中するカンパニー・オブ・ワンは、巨大な市場ではなく特定のニッチな領域に焦点を絞ることで、その強みをマーケティングに活かすことができる。顧客基盤が小さいほうが信頼は築きやすい。そのニッチな分野で専門家として抜きん出たり、その分野の専門家に影響力を持つ人たちから紹介してもらったりしやすいからだ。

最近、大手企業のマーケティングと販売促進の取り組みは、〝虚栄の指標《バニティ・メトリクス》〟を集めることに集中している。虚栄の指標とは、ソーシャルメディアのフォロワー数、購読者数、クリック数などだ。しかし、こうした指標は必ずしも売り上げ、利益、評判と対応するわけではない。つまり、こうした指標ではエンゲージメントや信頼は測れない。マーケティングの餌に食いついた人の数を示すだけだ。〝つながる〟ことより〝集める〟ことを優先するこれらの企業は、ページへの〝いいね〟やフォロワーを集めるのに夢中で、すでに耳を傾け、フォローし、ものを買ってくれている一人ひとりの顧客と関係を築くのは忘れている。売り出すものをなんでも熱心に買ってくれる熱烈なファンが１００人いるほうが、無料のiPadを当てるためのフォロワーが10万人いるよりもはるかに効果がある。

多くの場合、お金を稼ぐほうが信頼を築くより簡単だ。お金は失ってもまた取り戻せるが、信頼は一度失うと回復するのがむずかしい。あなたとあなたの会社のことばは、顧客との契約でなければならない。それを実践することで、多くの企業が競争の激しい業界で際立った存在になっている。つまり、ただやると言った仕事をやり、顧客との社会的な契約を履行することによってだ。Amazonのような大企業も、信頼の上にサービスを築いている。当初、Amazonは7日未満で商品を配達すると約束していた。その後、配達期間は2日に短縮された。いまでは、場所によっては（森のなかや離島は除く）当日に配達している。わたしたちがAmazonからものを買うのは、注文したものがすぐに届き、不満があれば簡単に返品できると信頼しているからだ。つまりまず信頼ありきで、そのあとにはじめて商取引がつづくのである。

信頼ベースのマーケティングでは、ある集団の人たちがあなたのことを信頼して、注目、メールアドレス、お金をあなたの会社に捧げる。この種のマーケティングでは、つねに約束を守り、絶えず人びとと対話をつづける必要がある。

マーケティングと信頼構築を特定の小さな集団に集中させるのは、常識に反するように思われるかもしれない。しかし、それには利点がある。あなたの製品やサービスの対象者を具体的にすればするほど、その特定の人たちとより大きな信頼を築くことができるのだ。ニッチな分野に焦点を合わせるのは逆説的だ。**対象を具体的に絞れば絞るほど、その集団にものを売りやすくなり、高い値段をつけられる可能性も大きくなるのである。**そのように焦点を絞っていれば、あなたのいるニッチな領域のことを詳しく把握でき、もっと効果的に顧客の役に立つにはどうすればいいかがわかって、その小さな分野で評判を確立できる。

カート・エルスターは、一般的なEコマース・コンサルティングのサービスを提供するのではなく、Shopifyのストアオーナーに焦点を絞りこんだ（40万を超える会社がShopifyをEコマースのプラットフォームとして使っている）。このニッチを利用して、カートは特定少数の人たちのなかで信頼を築き、売り上げを8倍に増やした。Shopifyのコンサルティングの権威として知られるようになり、Shopifyのウェブサイトでも取り上げられている。Shopifyのストアオーナーを手助けして評判になったことで、さらにほかをリードし、サービスの値段を上げて、世界中で講演ができるようにもなった。考えてみて欲しい。あなたがShopifyのストアを運営していたら、一般的なEコマース・コンサルタントとカートのようなShopifyに特化したコンサルタントのどちらを信頼するだろうか。

## 抜群の「信頼」で差別化する

新規顧客の獲得よりも顧客の満足度を重視してそれを最優先させることで、さらには顧客にインセンティブを与えて口コミであなたのビジネスのことを伝えてもらうことで、販売促進にかけるお金を減らせる。どのような規模でも利益を出せるカンパニー・オブ・ワンには、そのようなゆっくりながらも持続的な成長が理にかなっている。信頼中心のビジネスをつくるアイデアからはじめ、顧客に愛される商品をつくる。そして、購入してもらった商品について情報を提供し、商品に満足してもらって、成功体験をほかの人たちと共有してもらえるように体系的な手段を提供するのである。

これをするのに、巨大な広告板も、巨額の広告費も、オンライン上の有料広告も必要ない。信頼をビジネス経営の第一要因とすることで、商品を買ってすぐにあなたのことを忘れてしまう多くの顧客だけでなく、忠実なファンもたくさん集められるのだ。

実のところ、スーパーボウルで広告を打つ必要などない。カンパニー・オブ・ワンとしてもっと効果を発揮できるのは、ウェブサイトやブログにゲストとして記事を書いたり、既存の顧客に向けたインセンティブ・プログラムをつくったり、あなたの業界を取り上げるポッドキャストに出演したりすることによってだ。

Airbnbの元コンテンツ責任者アレックス・ボーシャンは、手がけるコンテンツが〝拡散〟して欲しいとは思わないと言う。アレックスは、そんなことにかかずらう気はない。また、情報が拡散するのは多くの場合、企業がターゲットを絞らないまま みんなにアピールしようとしたときだ。**コンテンツを10億回閲覧してもらいたいと思っているのなら、おそらくそのコンテンツの目的やほんとうの対象者を理解していないのだ。**ニッチな分野でエンゲージメントとつながりを獲得するほうが重要で、費用もはるかに安くつく。

現在、Edmonds.comでコンテンツ責任者として働くアレックスは、コンテンツには拡散よりも信頼が重要であることを知っている。Edmonds.comは、自動車を第三者の視点から客観的にレビューするウェブサイトだ。したがって、広告やスポンサー・コンテンツを載せるわけにはいかない。どこかの自動車会社に偏っていると思われてしまうからだ。そこでアレックスたちは、真剣に自動車の購入を検討している人たちに向けて、それぞれの車の長所にもとづいた偏りのないレビューを掲載している。いちばんの出発点は、すでに手元にあるものだとアレックスは言う。すでに集中し耳を傾けている人たちの要望に応えることで、ほかの人たちも惹きつけることができるのだ。

先にも触れたように、教育は顧客を増やすのに安くて望ましい手段だ。あなたの商品やそれに類するものをどう使えばいいか、それが顧客のビジネスや暮らしにどう役立つのかを教えれば、その結果として自然と信頼が生まれる。ボートの保険と牽引サービスを提供するボートＵＳ社は、顧客やその他の人たちへの教育を活用している。水辺の危険を知らせる警告と潮汐《ちょうせき》表《ひょう》を中心としたスマートフォン・アプリを無料で提供しているのだ。あなたの会社が情報を提供すれば、顧客は十分に検討したうえで決断を下すのに必要な情報を得られる（最終的にあなたの会社から買わなくても）。このタイプの教育は、ウェブサイトの無料情報ページや、ちょっとした無料アプリなどと同じで、あなたの商品をプロモートし、商品を信頼してもらうための、費用対効果の高いやり方のひとつだ。

ジェイソン・フリードの話によると、Basecampは最近、有料広告に手を出して、およそ１００万ドルをソーシャルメディアの広告に費やした。しかし同社は、すぐにこれをやめた。こうした広告は、すでに同社がやっていたこと、すなわち教育的なコンテンツをつくって共有することと比べて、効率が悪かったからだ。たとえば、集客の取り組みや有料広告なしでも、１週間に４４００人を超える人が同社のソフトウェアに新規登録していた。そこで同社は、いい商品とすばらしいカスタマー・サービスを提供し、既存の顧客に特典を与えてほかの人に紹介してもらうことに集中することにした。FacebookやGoogleなどの大企業に広告費を払うよりも、満足した顧客にお金を払ってもっと多くの顧客を獲得するほうがいいとジェイソンは言う。そのほうが、費用もはるかに安くあがる。

集客のための高額な広告と競争しても意味がない。それに、カンパニー・オブ・ワンが高価な広告を出すのはとくにむずかしい。そのようなキャンペーンを展開するには規模が必要であり、当然ながら費用もかかるからだ。わたしの身近にある完璧な例をひとつ紹介したい。

トフィーノの町にあるポインテ・レストランは、受賞歴のある高級レストランで、わたしのお気に入りの店でもある。シャンパンで迎えてくれて、5〜7品の完璧に調理されたコースが数時間かけて提供される。そのあいだに、フロアスタッフとちょっとした知り合いになる。シェフもときどき様子をうかがいに姿を見せる。会計のときには、車を店の正面につけましょうかと給仕長から尋ねられる。当然ながら、最高級店としての地位は質の高い食事に支えられているが、人と人のつながりがこの店をほかから際立たせ、話題にのぼる高級ブランドにしているのだ。人と人のつながりをつくるのに費用はあまりかからないが（たとえば、客のことを知ろうと努めるフロアスタッフを雇う費用など）、顧客を驚かせてよろこばせれば、信頼構築におおいに役立つ。それに、このようなサービスを提供していれば、高いお金も払ってもらえる。

ビジネスにおける信頼は、単なる社内のスローガンでもなければ、製品やサービスのマーケティング・キャンペーンに利用するお題目でもない。**信頼は、売るものだけでなく、売り方や**

**サポートの仕方のすべての側面に完全に組みこまれていなければならない。**カンパニー・オブ・ワンは、規模がどれだけ小さくても、顧客の信頼に値するビジネスを維持することで市場で差別化され、ほかから際立った存在になれるのだ。このようなビジネスは、スピードより質、利益より思いやり、ごまかしよりも誠実さに焦点を合わせる。あなたが顧客だったら、当然ながら信頼できる企業からものを買いたいと思うだろう。あなたがものを売るときにも、同じようにすればいい。

# 第11章 小さくはじめて繰り返す

Ugmonkについてはすでに二度取り上げたが、同社はカンパニー・オブ・ワンの出発の仕方を示す興味ぶかく刺激的な例だ。そこで、ここでもう一度同社の話に立ち戻って、どのようにはじまったのかを少し詳しく見ておきたい。2008年、Ugmonkの創業者でクリエイターのジェフ・シェルドンは大学を卒業した。その1か月後に高校時代からの恋人と結婚してヴァーモント州バーリントンに移り住み、デザイン会社でフルタイムの仕事をはじめた。ジェフはミニマルなデザインとタイポグラフィーに魅了されていたが、この美意識に合う服を見つけられずにいた。そこで、ひとつのアイデアと4つのTシャツのデザインから服づくりの仕事をはじめた。

しかしジェフは、工場、倉庫、大手小売店へのサプライ・チェーンを備えた大きな衣料品会社をつくるつもりはなかった。父親から2000ドルを借り、生産をアメリカ国内のTシャツ印刷業者に外注して、できるだけ早く利益を出せるように計画したのだ（ジェフは、ともに仕事をする製造業者を品質と倫理感によって注意深く選んでいる）。

**たった4つのデザインと、わずか200枚のTシャツからはじめたので、少額の借金を返済したあとは、すぐに利益を出せるようになった。**第一、第二、第三ラウンドのTシャツがたちまち売り切れたところで、ジェフはようやくコストをかけて注文の数を増やした。規模が大きくなるのを待たずに、小さなステップでできるだけ早く利益を出そうとしたことで、おまけもついてきた。結局、規模も大きくなったのだ。量が増えることでコストが抑えられ、利益も上がった。最初からこのような成長を計画していたわけではなかったが、これはジェフにとってよい結果になった。**まず小さな規模でお金を稼ぎ、顧客からの需要にもとづいてそれを繰り返して事業を大きくしていく方法がわかったからだ。**

2年間、ジェフはフルタイムでデザインの仕事をつづけながら服をつくって、Ugmonkとそのウェブサイトでいつも完売していた。夜と週末を使ってUgmonkの体制をつくり、デザインを磨いて、ロジスティックスを整え、注文品を梱包した。この最初の2年間はフルタイムの仕事の給料で生活し、一緒に働く人と自分の給料をまかなうのに十分な勢いと規模が確保できるまでは、Ugmonkの利益をすべて彼のカンパニー・オブ・ワンに投資していた。最初の小さなアパートメントが在庫品でいっぱいになったときに、ようやくもっと大きな倉庫と配送センターに拠点を移した。

Ugmonkは最初から利益を出していたが、ジェフは規模を急速に拡大しすぎないように気をつけていた。小さなステップを繰り返してゆっくりとすすみ、少しずつ生産量、商品の点数、スタッフの数を増やしていったのである。第8章で取り上げたNeed/Wantと同じで、Ugmonkはいまも顧客に商品を直接販売している。そうするほうがスタッフもリソースも少なくてすむからだ。また、Ugmonkはつねにデザインと商品の質を高く保つことに力を注いでいるので、デザイン系の刊行物やブログで頻繁に取り上げられて、無料で広報してもらえる。

## 見込みではなく実際の利益で動く

カンパニー・オブ・ワンは、できるだけ早く利益を出せるようにする必要がある。投資家からの巨額の資金に頼っていないので、準備をして事業を立ちあげるまでの時間は一分一秒がすべてお金を稼いでいない時間だ。そのため、**たとえ小さなものであっても製品やサービスをできるだけ早く発売するのが、金銭面でも学習面でも賢明だ。早く発売することで、完璧な学びの経験も得られるからだ。**商品の最初のバージョンは、巨大である必要はない。ひとつの問題をうまく解決し、商品を購入する前よりも顧客がいい気分になれれば、それでいい。

事業をつづけられる最低限の利益――ビジネスを黒字で経営できるポイント（minimum

viable profit、以下、ＭＶＰｒと呼ぶ）――を決める際には、それが低ければ低いほど早く到達できると心にとめておくべきだ。**できるだけ早く発売し、核になる商品だけに集中して、出費や経費を減らし、まずあなたのビジネス・モデルを小さな規模で機能させるのが重要だ。**

ここで想定されているのは、カンパニー・オブ・ワンの持続可能性を左右する最も重要な決定要因は顧客数、成長率、粗利益ではなくＭＶＰｒだということだ。最初から利益が出ていれば、ほかのことはあとからなんとかできる。支出が少なければ早く利益を出せる。**意思決定は、見こみの利益ではなく実際の利益に焦点を合わせて行うべきだ。**これが、規模拡大に集中する企業とカンパニー・オブ・ワンの最も重要なちがいである。カンパニー・オブ・ワンが規模を拡大する必要があるときも、それができるのは、希望的な利益の見こみではなく、実際の利益にもとづいているときだけだ。

最初は、ＭＶＰｒは低いかもしれない。カンパニー・オブ・ワンは通常、必要なものをつくる能力とスキルを持つ人ひとりか2、3人の小さなチームではじまるからだ。チームが大きくなるのは、もっと多くの人員がほんとうに必要になり、それだけの人を支えられる利益が出ているときだけである。利益が出るのは、会社が十分なお金を稼ぎ、オーナー（たち）の給料をまかなえているときだ。これが〝最低限〟の意味するところである。カンパニー・オブ・ワンは、最低でもひとりを支えるのに十分なお金を稼いでいなければ、フルタイムの仕事にはならない。〝事業をつづけられる〟というのは、ＭＶＰｒがそのひとりを長期的に支えつづけているか、時間の経過とともに増えているかのどちらかのことだ。〝事業をつづけられる〟ようになればなるほど、ほんとうの意味で利益は増えていく。その時点から選択肢が生まれる。自分の給料を上げるのか、規模を大きくするのに集中するのか、同じ給料のままで働く時間を減らすのか、ビジネスにさらに投資するのか、増えた収入をもとに会社を成長させるのか、選択できるようになるわけだ。最終的に選ぶのはあなた自身だ。

継続的に予想どおりの収入を得られるビジネスにすることが、カンパニー・オブ・ワンの中間目標だ。MVPrは最低限の投資と最も短い時間で達成される。

カンパニー・オブ・ワンにとっては、すぐに利益を出すことが重要だ。規模の拡大と利益の確保に同時に集中することはできないからだ。大企業の場合、従来の意味で成長するには、未来への投資が必要となる。そしてそれは通常、もっと高い利益率でいずれ回収されるという想定のもとに販売サイクルにお金をつぎこむことを意味する。未来のどこかの時点で元が取れるというわけだ。規模の拡大に集中するには、それを担う販売スタッフ、有料広告、大人数のサポート・チーム、大規模な技術設備にお金をかけることが求められる。結局のところ、たくさんお金をかければたくさん利益が生まれると想定されているわけだ。

**未来の利益に焦点を合わせるのは、カンパニー・オブ・ワンには向かない。**カンパニー・オブ・ワンは小さく（オフィスも必要なくひとりで）はじめて、利益の範囲内でお金を使う。**ゼロから徐々に大きくなっていくので、成長ははるかにスローペースだ。**わずかな額の利益をもとにわずかな額のお金を使い、そこから前よりもほんの少し大きな利益を得て、ほんの少し大きな支出をする。このように、きわめてゆるやかなプロセスで成長するのである。

カンパニー・オブ・ワンにとって、急激に利益を増やすことは第一の目的ではない。利益が出てさえいれば、通常はそれで十分だからだ。そこから選択をする余地ができ、選択がはじまる。会社を成長させるのか、そのままでいるのか、もっと休みを取るのか、規模を拡大するのか。目標は巨額の利益を出すことではなく、ただ支出よりも大きな収入を得て利益を確保することにあるからだ。

## シンプルなものは売れる

企業家で著述家のダン・ノリスは、発売してみなければ何もわからないと言う。当然のことだと思われるかもしれないが、商品は特定の問題を解決するためにつくられる。しかし、ダンが指摘するように、人が実際にお金を払ってそれを使うまで、その商品がどれだけうまく問題を解決できるかはわからない。自動車でも、会計ソフトウェアでも、屋台のファラフェルでも、商品はすでにある切迫した問題に取り組み、それを解決するために存在する。歩くよりもはるかに速い自動車を持っていれば、長距離をすばやく移動できる。ビジネスでは支出と売り上げを記録しておくことが欠かせないが、それをソフトウェアで自動化できれば、メモ用紙を使うよりはるかにいい。ファラフェルは空腹を（あるいはうしろめたいよろこびを）満たしてくれる。

新商品の開発に時間をかけているあいだ、カンパニー・オブ・ワンはその商品がどれだけうまく問題を解決できるかわからない。さらに悪いことに、お金を稼ぐこともできず、ＭＶＰｒの確保へも向かえない。だから、稼働する商品をできるだけ早く発売することが大切だ。キャッシュフローを生み、顧客からのフィードバックを得ることが必要なのである。アンドリュー・メイソンがグルーポンを立ちあげたときには、ごく基本的なウェブサイトにアンドリュー自身が手動で情報を入力し、ＰＤＦファイルをつくって購読者にApple Mailで送信していた。スマートウォッチのPebbleは、説明動画１本とKickstarterでのクラウドファンディング・キャンペーン（製品はまだできていなかった）から出発して、２０００万ドルを超える開発資金を調達した。Pebbleは最終的にFitBitに買収される。ヴァージンは、イギリスのガトウィックとニュージャージー州ニューアークを往復する１機のボーイング７４７からスタートした。

これらのスタートアップは、一度軌道にのると、顧客のフィードバックにもとづいてよい方向へ変化していけるようになった。

これらの企業と同じように、カンパニー・オブ・ワンも絶えず商品を改善して、新鮮で役に立ち、市場に適合したものにしておく必要がある。だから、会社をすぐに立ちあげて、その直後から商品に磨きをかけてさらにいいものにしていくべきだ。**商品の最初のバージョンを発売**

**するときには、多くのことが推測の域にとどまっている。市場のどこに位置づけられるのか。ターゲットにする人たちにどれだけ届きやすく、注目をひけるのか。人がどれだけそれを買う気になり、いくらなら買うのか。こういったことは、すべて推測にすぎない。しかしさいわい、最初のバージョンを発売したらすぐにデータが集まってくる。**売り上げはどうか。レビューはどうか。顧客維持はどうか。顧客は商品に満足してほかの人にもすすめているか。こういったデータを使って商品に磨きをかけ、解決に取り組む問題に対してよりよい、さらに役立つ解決策を示すことができる。また、実際にそうしなければならない。

この点は、いくら強調してもしすぎることはない。大きな、あるいは複雑な問題にシンプルな解決策を見いだすのが、カンパニー・オブ・ワンとしてのあなたの最大の強みだ。あなたの独創性を人工知能や大きなチームにアウトソースすることはできない。シンプルに問題を解決する能力があれば、あなた自身もあなたのスキルも、どのような市場でも役に立つのだ。小さくはじめると、最初は商品を使う顧客がわずか数人なので、直接話ができるという利点がある。フィードバックや提案、改善のヒントを顧客から直接もらえるわけだ。

カンパニー・オブ・ワンが新商品を発売するときには、シンプルなプロセスでしなければならない（第1章で見たように、これはカンパニー・オブ・ワンの本質的な特徴だ）。**商品を発売するときには、種類をシンプルに、メッセージをシンプルに、対象者をひとつの集団に絞りこんでシンプルにすべきだ。**

ハーヴァード大学のジョージ・ホワイトサイズ教授によると、シンプルの心理学には３つの要素がある。予測可能で、手に取りやすく、既存のものを土台にしているという３つの要素だ。予測可能というのはつまり、シンプルな商品はすぐに理解できるということだ。問題をひとつだけ解決する商品はシンプルだ。たとえば、夜にぐっすり眠れるようにするキャスパーのマットレスがそれにあたる。キャスパーは、マットレスを１０８種類もつくったりはしない。３種類だけだ。手に取りやすいというのは、誠実であるということだ。キャスパーは派手なことばを掲げることなく、手堅い研究と40万人を超える顧客からの圧倒的に肯定的なレビューによって商品の質を裏づけている。

最後に、**既存のものを土台にするというのは、すでに存在して理解されているコンセプトの上にものを築くということだ。**キャスパーは、マットレスと呼ばれる睡眠用の柔らかくて四角いウレタンを発明したわけではない。すでに存在する業界と商品を土台にして、もっといいものをつくっただけだ。マットレスが何かはみんな知っているので、キャスパーはそれを説明する必要はない。なぜ自分たちのマットレスがほかよりいいのか、それだけ説明すればいいのだ。事実上、キャスパーが売りこんでいるのは、マットレスではなくよりよい睡眠であって、マットレスはその目的のための手段にすぎない。ソーシャルメディア、ブログ、その他の広告でも、このメッセージは一貫している。同社は、ターゲットを狭く絞りこんでいる。寝心地の悪いマットレスを取り替えたいと思っているが、店に足をはこんで店員と話すのはいやだという若者だ。オンラインでものを買うのを好む顧客であり、キャスパーは商品に満足してもらえなかった場合は返品を受けつけている（購入後100日間）。

発売する商品をシンプルにすれば、それが市場に届き共有されるのを妨げられずにすむ。商品が複雑だと、まずつくるのに時間がかかり、それが何であってどう役に立つのかを説明するのにも手間がかかりすぎる。シンプルであればすぐにMVPrに達することができ、市場で商品がどう受けとめられるかをほんとうに知ることもできる。

## クラウドファンディングとの相性

Ugmonkのジェフ・シェルドンの例に戻ろう。ジェフは、〈ギャザー〉というデスク・オーガナイザーをつくって売りたかった。物理的な商品を売るのは、ときにむずかしい。あらかじめ多くのことを計画しなければならず、最低発注量のある製造契約を結ばなければならないため、事前に多額の投資が必要だからだ。そのため、物理的な商品をつくろうとする会社の多くは、立ちあげの際に資金や銀行ローンを探し求めたり、多額の資本を必要としたりする。

しかし、ギャザーの場合はちがった。ジェフは、クラウドファンディングのキャンペーンによって、新製品のアイデアを試すことにした。このアプローチを使えば、ギャザーがどれだけ求められているかわかると考えたのだ。もし必要とされていれば、投資家の言いなりになることなく製作に必要な資金を集められる。ジェフはすでに10年にわたってUgmonkブランドに熱心なファンを獲得していたので、Kickstarterでのキャンペーンでは43万ドルもの資金を集めることができた（当初の目標の2394％）。ギャザーの生産に必要な費用をすべてまかなって、なおあまりある額だ。

ジェフはいま、この商品をすでに使っている顧客に向けて生産を増やし、ビジョンを必ずしも共有しない外部の投資家からではなく、その顧客たちから直接資金を得ている。先に見たように、最初期のスマートウォッチPebbleは、クラウドファンディングがなければ出発できなかった——PebbleはたちまちKickstarterのプロジェクトとして最高額の資金を獲得した（78471人から2000万ドルを超える資金を集めたが、それでも長期的な成功にはつながらなかった）。

**投資家からの資金調達にかわる手段として、クラウドファンディングが新しいビジネスのあいだで広がっているのは、驚くべきことではない。ベンチャー・キャピタルの資金よりもはるかにアクセスしやすく、アイデアを未来の顧客に直接伝えることができるからだ。**もし顧客がアイデアに賛成すれば、事前注文分としてお金を提供してもらえる。顧客の賛成を得られなくても、無駄になるのはクラウドファンディング・キャンペーンに使った時間（マーケティングと場合によっては試作品をつくるのにかかった時間）だけだ。製品開発に何か月、何年もかけて、それが無駄になるということはない。

とはいえ、〝ベンチャー・キャピタル＝悪、クラウドファンディング＝善〟という単純な話ではない。ベンチャー・キャピタルの資金には、必要な助言やビジネス上の人間関係の土台になるコネクションがついてくることもある。また、商品をつくるだけでなく、企業を経営するのに必要な経験を提供してもらえることもある。投資家を見つけるのは、多くの場合とてもむずかしい。企業家ならだれでもそう言うだろうが、お金があり、ビジョンを共有してくれて、熱意を持ってアイデアに投資してくれる人はなかなかいない。

ベンチャー・キャピタルは、自分たちの利益と投資した持ち分に関心を寄せる。クラウドファンディングは、カンパニー・オブ・ワンとより相性がいいようだ——商品のアイデアがだれかの問題を解決すれば、その人が顧客になるのである。最初からすぐに利益が出て、稼いだお金だけをもとに、ビジネスとその方向性について選択ができるようになる。クラウドファンディングがうまくいけばこのうえなく有益だ。ただ、それが資金調達の確実な方法では必ずしもないことは心にとめておく必要がある。たとえば、Kickstarterのキャンペーンのうち成功して資金が得られるのは35％にすぎない。ただ、クラウドファンディングはいまだにニッチであるとはいえ、2016年には60億ドルの資金を調達している。**イェール大学で経営学を教えるオーラフ・ソレンソンの考えでは、クラウドファンディングは消費者向けの商品に適した手段であり、企業に焦点を合わせた商品で成功する可能性は低い。**

また、クラウドファンディングは、従来の資金調達法よりもやや実力主義的だ。ハーヴァード・ビジネス・スクールの研究によると、投資家——大部分が白人男性——は、自分たちと似た人（つまり白人男性）が売りこみ経営するベンチャーを好む。PwCとクラウドファンディング・センターの調査によると、それとは対照的に、クラウドファンディングでは女性のほうがよい成果を出していて、目標額に到達する人が男性よりも32％多い。

BetterBackのCEOキャサリン・クリュッグは、デスクワークによる腰の問題を抱える人に向けた商品のために、300万ドルを超える資金をクラウドファンディングで調達した。外部から投資を受けていないので、会社の方向性を自分で完全にコントロールできる。『シャーク・タンク』(第5章に既出のテレビ番組）の資金を辞退したことで有名なキャサリンは、クラウドファンディングは女性起業家が新商品開発に必要な資金を確保するのに理想の手段だと考える。またキャサリンは、クラウドファンディングはカンパニー・オブ・ワンにとってより解放感を覚える手段だとも考えている。ほとんどのベンチャー・キャピタルは、50万ドル、100万ドル規模の企業は投資するには小さすぎると考える傾向にあるからだ。BetterBackはオフィスを構えず、世界中に散らばる小さなチームで仕事をしている。キャサリンも四半期ごとに異なる国で過ごし、世界のさまざまな場所で仕事をする。キャサリンのビジネスのやり方と従業員の率い方は、急激な利益拡大よりも個人的な成長に焦点を合わせている。

## 多額の資金は必要ない

**ビジネスや商品のアイデアを実行に移すのに多額の資金が必要なら、そのアイデアは大きすぎるか複雑すぎる可能性がある。**また、ビジネスをはじめるのは、だれかに何かを頼まれて、お金を払うと言われたときなのかもしれない。デレク・シヴァーズがCD Baby――月に25万ドルの純利益を出していた2008年に2200万ドルで売却された――をはじめたのは偶然だった。自分がやっているバンドのCDをインターネットで売りはじめたら、友人に自分たちのアルバムも売ってくれないかと頼まれた。希望者が増えるにつれて収益モデルがかたちになっていき、CD Babyが誕生したのである。最初に資金は必要なかった。必要だったのは、アイデアとそれをうまく実行に移す時間だけだ。

外部から投資をしたいという話が毎週のように持ちこまれたが、CD Babyは投資家を受け入れなかった。デレクは、CD Babyを急速に大きくする必要がなかった。最初から利益が出ていたし、利鞘を大きくすることよりも顧客の役に立つことに集中していたからだ。デレクがよろこばせたいのは、顧客と自分自身だけだ。資金調達であれ、ビジネスの拡大であれ、キャンペーンの展開であれ、すべての決定は顧客にとって最善のかたちでなされるべきだとデレクは考えている。デレクは500ドルでCD Babyをはじめた。最初の月に300ドル、翌月に

700ドルを稼いで、それ以降はずっと利益を出している。

顧客は通常、ビジネスの成長や拡大を望んでいるわけではない。規模の拡大が顧客にとっていちばんの道でないのなら、おそらくそれは考えなおす必要がある。第7章で見たように、もっぱら顧客と顧客の満足に集中していれば、ほかの人にもあなたのビジネスのことを伝えてもらえる。

第3章で見たCrewは、1ページのウェブサイトと情報入力フォームから事業をはじめて、フリーランサーと企業を手動でマッチングしていた。そして、**需要が大きくなりすぎて手動で処理できなくなったところで、はじめて資金を投じて特注のソフトウェアをつくった。**

Unsplashという著作権使用料無料の写真素材集を発表したときも、同じようなやり方をとった。Tumblrのテーマを19ドルでひとつ買い、そこに地元の写真家が撮影した高解像度の写真を10枚アップロードしたのだ。それから3時間もしないうちに、最初の低解像度バージョンも公開した。手動で作業をつづけ、大量処理の仕組みがほんとうに必要になったところで、それまでの利益をそこに投資した。数年を経たいま、Unsplashでは毎月10億枚を超える写真が閲覧されている（いまはベンチャー・キャピタルの支援を受けているが、ビジネスとして利益を出している）。

当然のことだと思われるかもしれないが、ビジネスは顧客の問題を解決する必要がある。売るものが夜にぐっすり眠れるマットレスであれ写真素材であれ、ビジネスが成功するのは、それが役に立つと顧客に思ってもらえたときだけだ。だから、立ちあげたばかりのカンパニー・オブ・ワンがまず目標とするのは、特定の顧客の問題を解決するのにいちばんの方法を見つけることだ。その後、それをもっと速く安くできるようにすればいい。

**小さな規模ではじめることで、カンパニー・オブ・ワンは、いま目の前にいる人たちの問題を解決するのに全力を尽くせる。**いつか問題を解決できるかもしれないところまで規模を大きくすることにエネルギーを注がなくていいのだ。このアプローチによって、顧客との関係を支える土台も強化される。官僚的な組織の煩雑さと大規模組織の摩擦を取り除くことで、直接顧客と交流し、顧客の声に耳を傾けて、顧客に共感できるからだ。

たとえば、オンライン・ビジネスの経営法についてオンライン・コースで教えたいのなら、手っ取り早いのは、まず一対一のコンサルティング・サービスによってアドバイスを提供することだ。そうすれば、動画をすべて撮影し、オンライン・コースのプラットフォームを開発したり設定したりして、必要な数の受講者を集めるまで待たなくても利益を出すことができる。個人指導にお金を払ってくれる最初の顧客をひとり確保できれば、すぐに利益が出せるのだ。

Evolve + Succeed の創業者ハレー・グレイによると、自分で新しくビジネスをはじめる人のほとんどは、つねに商品が先になければならないと誤解している。商品を開発するには、たくさんの時間が（またときにはお金も）かかることがある。**商品をつくるのではなく、まずはアイデアをサービスとして提供すれば、すぐに出発することができる。**ダニエル・ラポルテが、自分で創業した会社から追放されて独立したあとに「ファイアー・スターター・セッションズ」でやったのもそれだった。まずサービスを提供することで、すぐに収入を得られたのだ。それに、一対一のサービス・ベースの商品に市場があることも証明できた。このなかで、ダニエルは顧客について多くのことを学び、何が求められているかを明確にすることができたのだ。そのおかげで、商品を発売するととてもよく売れて、100万ドルを超えるビジネスが誕生した。

## すぐに市場に出し、何度も軌道修正する

わたしたちは、商品やビジネスを市場に出すチャンスは一度きりだと思いこみがちだ。大事なのは最初に派手に発表するときだけだと考えるのである。それがすぐに大きな利益を生まなければ、もうだめだと思ってしまう。最初に（場合によってはデジタルの）扉をひらくときに、どういうわけか魔力を感じるのだ。

この考え方には問題がある。ほとんどの新商品は、大成功を収めはしないからだ。たしかに、（すべてがうまくいけば）ほんの少し利益が出ることもあるが、望みどおりのスピードで採算が取れることはあまりない。最初は、ほぼ推測にもとづいて商品をつくっているからだ。どのような人たちをターゲットにするのか、商品をどこに位置づけるのか、ターゲットの人た

ちが商品にどのような価値を見いだすのか――こういったことは、すべて推測にすぎない。有名な潤滑剤WD－40は、39回の失敗と一度の成功にちなんで名づけられている。この製品はもともと航空宇宙産業向けにつくられたが、ほかの目的に使う従業員たちのあいだで人気となり、小売りされるようになって成功した。ゼネラルモーターズは1996年に電気自動車（EV－1）を発売したが、あまりにも〝ニッチ〟であることに気づいて事業を中止した。20年後の2017年、同社のシボレー・ボルト（これも電気自動車だ）が『モーター・トレンド』誌のカー・オブ・ザ・イヤーに選ばれる。まず発売することで、データを測定して重要な知見を集められるのだ。何がうまくいって何がうまくいかなかったか、どのように受けとめられたか、どうすれば位置づけを変えられるか、そういったことがわかるのである。

新商品の発売は一度かぎりのイベントではなく、発売、測定、調整、繰り返しの継続的なプロセスだ。**LinkedInの共同創業者リード・ホフマンは、商品の最初のバージョンを恥ずかしく思わないのなら、それは発売が遅すぎたのだと言う。**すべての会社が、完成していて変わることのない創業者のアイデアから生まれると考えるのはばかげている。大きく成功している企業のほとんどは、軌道修正をしたり、完全に生まれ変わったり、成功に向けて自分たちのやり方を繰り返したりすることで、その地位を獲得したのだ。

ベストセラー『ビジョナリー・カンパニー2――飛躍の法則』（山岡洋一訳、日経BP）の著者ジム・コリンズは、40年にわたって1435社を調査した。その結果わかったのは、大きな利益を出して成功している会社はすべて、ただ発売できるだけのものから出発したということだ。ひとつのことに集中して、ほかは放っておいた。コリンズは、これをキツネとハリネズミにたとえる。キツネはとてもずるがしこく、さまざまな策略を使って獲物を捕まえる。それとは対照的に、ハリネズミにはやり方がひとつしかない。丸まって針のついたボールになるだけだ。キツネがどれだけたくさん策略を使ってハリネズミを捕まえようとしても、ハリネズミのたったひとつの戦略がそのすべてに打ち勝つ。キツネはハリネズミを食べられないからだ。多くの企業がキツネになろうとして、あらゆる人に向けてさまざまなことをしたり、ありとあらゆる機能がついた商品をつくったりしている。しかし長期的に繁栄して成功するのは、ひとつの仕事に取り組み、それに精通した企業だ。カンパニー・オブ・ワンをつくるにはさまざまなスキルが必要だが、それでもやはり顧客の役に立つことにもっぱら集中しなければならない。

今日のテクノロジーのおかげで、そこに集中するのははるかに容易になった。**「すべての企業は現在、テクノロジー企業だ」**とアニル・ダッシュは言う。昔はテクノロジー企業をほかから区別するのが理にかなっていたが、いまはカンパニー・オブ・ワンを含むすべての企業がテクノロジーに大きく頼っている。EメールやEコマース・ソフトウェアの利用から製造の自動化まで、すべての企業がいまやテクノロジーを利用する企業になっているのだ。テクノロジーを活用することで、第8章で見た多くの人に届ける仕組みをつくるだけでなく、ひとつのことにさらに集中できるようにもなった。たとえば、新しいオンライン決済システムの開発にエネルギーを注ぐ必要はなく、Stripe、Square、PayPalなどを使えばいい。ウェブサイトのコンテンツ管理システムをつくるのに時間とリソースを費やす必要はなく、WordPressを使えばいい。動画のストリーミングが必要なら、YouTubeがある。サプライ・チェーン・マネジメント用のソフトウェアもたくさんある。既存のテクノロジーをビジネスのできるだけ多くの部分で使うことで、核になるアイデアと核になる解決策にさらに集中し、あなたの核になるニッチを見つけることができるのだ。

**最初に発売したものは、普通は驚くような成果にはつながらない。カンパニー・オブ・ワンは、発売できるものができたら、それをすぐ世に出すべきだ。それから、学んだことをもとにして商品をもっとよくするのに力を注げばいい。繰り返し手を入れて再発売することで、もっといい成果をあげられるようになる。**カンパニー・オブ・ワンは、奉仕しようとする市場で商品が役立ち有意義でありつづけるように、繰り返し手を加えていく必要がある。ようするに、早く発売してすぐに磨きをかけ、商品を改善していくのだ。

これは継続的なプロセスであり、市場やあなたと同じ狭い分野にいる他社、さらには社内（サポート・スタッフやチームからのリクエストなど）からフィードバックとデータを受け取っているかぎり、やめるべきではない。あなたの戦略も硬直し固定したものにするのではなく、新しい情報が収集されるたびに変えられるようにしておく必要がある。そうすれば、あなたが役立とうとしている顧客や市場と戦略がずれることはない。

　レンタルビデオ・チェーンのブロックバスター社は、変化する市場についていけずに、Netflixに利益を奪われた。ブロックバスターのCEOは、ウェブサイト「モトリーフール」でのインタビューで次のように語っていた。「RedBoxもNetflixも、競争のレーダー画面に現れてすらいません」。結局、ブロックバスターはすっかり時代に取り残されて、経費が膨れあがり多額の借金を抱えて倒産する。通信販売のシアーズ社は、カタログを家庭に送る従来のやり方を変えられなかったため、ウォルマートとAmazonに負けた。2006年には、モトローラのCEOエド・ザンダーが、AppleのiPod nanoについてこう語っている。「nanoがなんだ。nanoにいったい何ができるんだ？　だれが1000曲も聴くっていうんだ？」。1946年には、20世紀フォックスの共同創業者ダリル・ザナックが、こんな発言をしていた。「テレビは最初の6か月が過ぎたあとは、摑んだ市場をどれも維持できないだろう。すぐにみんな、ベニヤ板の箱を毎晩見るのに飽き飽きするはずだ」。新しいデータと発見にもとづいて繰り返し手を加えて調整しなければ、企業は停滞して死ぬ。

　しかし、商品を一度あるいは何度か発売して、ひとり分の生活費をまかなうだけの利益すら出せなかった場合、弾力性を保ってそのままつづけるべきか、あるいはあきらめるべきか（つまり新しいアイデアやビジネスに移行するべきか）、何をもって判断すればいいのだろうか。

　ベストセラー作家のティム・フェリスが、Behance（クリエイターのためのオンライン・ポートフォリオ・プラットフォーム）の共同創業者スコット・ベルスキーに、ポッドキャストでこの質問を投げかけている。スコットの考えでは、つづけるべきでないときに頑固につづけているのと、つづけるべきときに弾力性を持って踏ん張っているのとのちがいは、当初の想定の正しさによる。つまり、うまくいかなくてどうすればいいかわからないとき、それでも当初の想定は正しかったと思えるだろうか。その時点でわかっていることをすべて知ったうえで、その事業をもう一度最初からやろうと思えるか。

答えがイエスならつづけるべきだ。つまり、**もともとのアイデアはやはり有効で、なんらかのかたちで利益を生むことができ、それを継続する価値があると考えるのなら、つづければいい。そうではなく、多くの時間、エネルギー、熱意を注いだからというだけの理由でつづけているのであれば、それは理にかなっていない。**自分の計画であるがゆえに過大評価しているのなら（〝授かり効果〟と呼ばれる）、おそらくやめるべきだ。

勝利者はけっしてあきらめないという考えがあるが、それはあまりにも単純にすぎる考えであり、完全にまちがっている。**成功した創業者のほとんどは、何度か事業をあきらめている。それどころか、失敗したときにあきらめることで、成功へ導かれていったのだ。**ナポレオン・ヒルは、１９３７年の著書『思考は現実化する』（田中孝顕訳、きこ書房）で「あきらめる者は勝利せず、勝利する者はあきらめない」と言う。しかし、これは事実ではない。ソニーの創業者、盛田昭夫が最初に開発したのは、ご飯がこげる炊飯器だった（あきらめてしかるべき理由だ)。エヴァン・ウィリアムズは、Odeoというポッドキャスティングのプラットフォームをつくり、あきらめた(その後すぐにAppleがポッドキャスティングのプラットフォームを発表して、Odeoが見劣りするようになったからだ)。ウィリアムズは先にすすみ、TwitterとMediumを立ちあげた。

自分のアイデアだからといって、また時間、お金、リソースを注ぎこんだからといって、何も変えようとしないのなら、それはたしかに事業をつづける理由としてまちがっているだろう。しかし、当初の構想がやはり客観的に有効だと思われて、少しずつ進歩と利益が見られるのなら、ぜひともつづければいい。

Behanceの初期に、スコット・ベルスキーと少人数のチームは、あと数か月で資金が完全に底をつくところまで追いこまれた。当然ながらやる気を失うことも多かったが、クリエイターの作品をまとめるという構想に顧客が興味や価値を見いださなくなることはなかった。そのため、大きな成功を収めることなくがんばりつづけるのに疲れることはあっても、スコットたちは当初の信念を失わなかった。状況がほんとうに厳しくなると、さらに弾力性を発揮した——お金をかけて新しく人を雇うのではなく、お金をかけずに多くの人に届ける仕組みをつくり、仕事の割り振りを変えたのだ。また、コストを最低限にまで減らすことで、早く利益を出せるようにした。現在、Behanceは高い人気を誇り(作品は1か月あたり6000万回閲覧されている)、Adobeの傘下にあるが、いまでもわずか3人のデザイン・チームが、すべてのビジュアル面と、『99U』(印刷物、デジタル・コンテンツ、一連のコンファレンス)の制作を担当している。

このように、シンプルな解決策を使ってMVPrをできるだけ早く確保し、発売後に手を加えつづけることによって、カンパニー・オブ・ワンは、時間の経過とともに商品や特徴を変えていく弾力性のあるビジネスを築くことができる。それと同時に、やはり顧客の役に立ち、顧客にとってこのうえなく価値ある存在でいることもできるのだ。

# 第12章 人間関係の目に見えない価値

ニューヨーク・タイムズ紙のベストセラー著者で、オーナー・メディア・グループのCEOを務めるクリス・ブローガンは、強引に売りこむのがいいことだとは思っていない。互いに共有する関心にもとづいて、人びとと長期的な関係を築くほうがよいと考えている。

クリスの考えでは、中小企業のオーナー（やカンパニー・オブ・ワン）がときに商品を売りこむのに気まずさを覚えてそれを嫌うのは、売りこむことは商品を人に押しつけることだと思っているからだ。しかし、クリスやほかの多くの人は、**すでに関係を築いた人たちにものを売れば、はるかに簡単だと気づいた。**あなたがその人たちのことを個人的に気にかけていて、その人たちのためになるように考えていることを相手も知っているからだ。この種の関係では、強引に商品を売る必要はない。すでに培われた友情だけを土台にして商品が売れる。

一方で、商品を売りこんだり押しつけたりしてばかりいたら、みんな直感的にあなたの会社を避けたりEメールに反応しなくなったりする。しかし、第9章で見たように、顧客に教え、力を与え、顧客の暮らしやビジネスにプラスになることをしていれば、あなたは信頼できるアドバイザーだとみなされる。うさんくさい、あるいは調子のいいセールスパーソンだと思われることはない。だからクリスは、頼まれなくても友人やおもしろい仕事をしている人をほかの人に紹介している。クリスはつねに〝この人とつながればプラスになる人はいないだろうか？〟と考えながら人と人を結ぶ。そして、こうした結びつきがうまくいくよう手助けしている。一対一で人を結ぶこともあれば、広く情報を共有することで結びつきをつくることもある。このユニークなアプローチのおかげで、クリスは長年のあいだにほかの人たちや読者からおおいに好感を得て、クリス自身が何かを宣伝したり売ったりするときにもそれが役立っている。

この種の関係は、カンパニー・オブ・ワンにプラスになるとクリスは感じている。消費者は、それが正しいかどうかは別にして、大きな会社よりも小さな会社を直感的に信頼するからだ。「オハイオ州クリーヴランドのみなさん、お元気ですか」と言うのと、「ポール・ジャルヴィスさん、お元気ですか」と言うのとでは大ちがいだとクリスは言う。カンパニー・オブ・ワンは、顧客を名前で呼んだり顧客に直接語りかけたりして、この個人的なアプローチを有利に活用できるのだ。たとえば、１０００人のメーリングリストで購読者のほとんどがニューズレターに反応してきたとしても、それをすべて読んで一つひとつに返信できる。大企業は、その種の個人的な対応ができる仕組みにはなっていない。

**中小企業は大企業のように振る舞いたがる傾向にあるが、これはおかしなことだ。むしろ最近では、多くの大企業が中小企業のように動こうとしている。**クリスは、とりわけ食品飲料の業界にこの傾向が強く見られると言う。消費者が高品質（で高価格）の食品を求めるようになったのを受けて、大企業は職人的な色合いの濃い中小企業を買収したり、そうした企業のように振る舞ったりするようになってきたのだ。たとえば、大手ビール製造会社のアンハイザー・ブッシュは、クラフト・ビールの企業を少なくとも10社所有している。オフィス用品販売のステープルズは、実店舗を訪れる人が少なくなっていることを受けて、企業間取引の関係を育むキャンペーンを行った。もっと個人的な体験をブランドから提供してもらいたいと顧客が言うときに望んでいるのは、企業ともっと個人的なつながりを持って、自分たちのことを企業によく理解してもらいたいということだ。

　小さな企業は小さな企業であることを受け入れ、それらしく振る舞う必要があるとクリスは考える。カンパニー・オブ・ワンは、カンパニー・オブ・ワンであることを誇っていいのだ。個性を活かしてほかから際立ち、焦点を絞りこむことで、特定の顧客集団に集中してその人たちの役に立つことができる。顧客の名前、ニーズ、動機を知ることもできる。顧客と関係を育めば、顧客がほかへ行く可能性を減らし、小さな会社がいい会社だという顧客の考えを強化できる。

規模の大小を問わず、一部の企業は顧客との関係を誤解しているとクリスは言う。その誤解は、「わが社のお客さま」といったことばを使って顧客の所有権を主張するところにある。些細なことだと思われるかもしれないが、これは重要だ。どの顧客も消費者集団も、ひとつの会社の所有物ではないからだ。顧客を所有することはできない。顧客は、ほかの企業のさまざまな商品も支持し、買い、気に入って使っている。週7日1日24時間あなたの会社のことだけ考えていることはまずない。

顧客を所有しているというこの感覚には、その関係を使ってもっと商品を売ってもいいという考えが含まれている。このように考えていると、顧客やコミュニティを敵にまわしかねない。そのためクリスは、メーリングリストはほぼ読者とつながるためだけに使っている。週に一度、記事を送るだけだ。ごくまれに商品の宣伝をすることもあるが、通常はニュース、情報、有益なコンテンツを提供して、コミュニティとつながるためにメーリングリストを活用している。まず相手の役に立つことで関係を築けば、顧客はその関係から利益を得て、のちにあなたが何かを売ろうとするときに、お返しをしたいと心から思うのだ。

## 顧客と長期的な関係を築く必要

商品を無理やり買わせることができないのと同じで、ほんとうの人間関係をお金で買うことはできない。あなたの商品を買い、あなたの会社を熱心に支えてくれる顧客をつくるには、まず信頼、人情、共感を含むほんとうの人間関係がなければならない。

あなたの会社、商品、ブランドにほんとうの顧客をつけるのは、グロース・ハッキング（第4章を参照）とは異なる。実際、本書の考え方はすべてグロース・ハッキングと対極にある。カンパニー・オブ・ワンはグロース・ハッキングをしない。グロース・ハッキングのもっぱらの目的は、当然ながら規模の拡大にあるからだ。グロース・ハッキング企業にとっては、規模の拡大が妥当性や成功を測る唯一の指標であり、規模の拡大はつねに有益だと考えられている（これまでの章で見たさまざまな事例や研究結果からわかるように、これは正しくない）。

規模の拡大は、役に立つだけでなく必要不可欠だとも考えられているのだ。グロース・ハッキング企業は、顧客が離れていくのを埋め合わせるために関係を広げようとする。目標はできるだけ早く顧客を獲得することにあり、顧客が折れて商品を買うまで、あるいは見放して去っていくまで、可能なかぎりたくさん売ることにある。このやり方を使えば、短期的に早く利益をあげることができる（あるいは、少なくとも短期的に顧客を増やすことができる）が、これは人間関係の構築とはなんの関係もない。それに、たいていの場合は有料広告を必要とする。このアプローチは、個人と個人の関係を築いて育むことはなく、信頼や共通の関心にもとづいているわけでもない。規模の拡大に集中する企業が、利益が出るところまで会社を大きくするための手段にすぎないのだ。

ビデオ・チャット・アプリのGlideは、公開されるとAppleのApp Storeでソーシャル・ネットワーキング部門の1位になった。これは、そのアプリの招待の仕組みが拡散を目的につくられていたからだ。デフォルト設定で、ユーザーのアドレス帳にアクセスして知り合いみんなにテキスト・メッセージの招待状を送るようになっていたのである（ユーザーが知らないうちにメッセージは送られていた）。Glideのアプリを使いはじめたら自動的にメッセージが送信される設定になっていて、それを防ぐには設定を変える必要があった。多くの否定的な報道や反発を受けて、Glideは「成長戦略」を変更してそのような招待の仕組みをやめると発表したが、実際には何年も経ったあとも同じことがつづいていた。Glideはその後、App Storeのソーシャル・ネットワーキング部門で何百も順位を落とした。

グロース・ハッキングに焦点を合わせたCircleという別のアプリも、急速に規模を大きくするためにユーザーのアドレス帳を使ってスパムを大量に送っていた。**CEOのエヴァン・リーズは、グロース・ハッキングが逆効果になるのを繰り返し目の当たりにして、のちに考えを改めた。規模の拡大自体を目的にして、顧客にすばらしい体験を提供する機会を犠牲にするので**

**はなく、顧客にすばらしい体験をしてもらった結果として会社が大きくなるべきだと考えるようになったのだ。**ウェルスフロント社の商品部長（以前はFacebook、Twitter、Quoraでも働いていた）アンディ・ジョンズは、何より急激な規模拡大を積極的に追求するスタートアップは、急速に失敗への道をたどると言う。

ウェブサイトのメッセージング・プラットフォーム、Intercomの創業者デス・トレイナーは、インターネットでは悪魔と取引をして信用と顧客からの注目をいつでも交換できると言う。この「取引」によって、あなたの会社、ブランド、商品の人気が急激に高まることもあるが、まちがった成功の指標（利益につながらないもの）を設定することになりかねず、さらに悪いことに、アドレス帳にアクセスして友人や同僚にスパムを送るなど顧客をだますことにもなりかねない。この種の規模拡大は、たとえ急激に規模を大きくできたとしても長つづきはせず、最悪の場合には逆効果になる。規模の拡大だけを基準にする指標は、健全で持続可能で利益の出るビジネスの指標として必ずしも望ましくはない。それに長期的には、思いやりがある企業とよくできた商品によって獲得できる顧客の満足には当然ながら太刀打ちできない。

刹那的で味気ないグロース・ハッキングとは対照的な関係を築こうとしているのが、Kivaのような組織だ。Kivaはマイクロファイナンスを提供するサービスで、ビジネス計画はすべて関係を育むことに向けられている。つまり、顧客を一夜にして増やすことではなく、マイクロファイナンスの貸し手と借り手のあいだにつながりをつくることに力を注いでいるのである。Kivaは、ビジネスをはじめたりつづけたりするのにわずかなお金を必要とする貧困国の人たちを手助けすることで、金融システムに人間的な関係を加えるビジネスだ。Kivaのウェブサイトでは、ジンバブエの農村で店を営むリンディウェのような人たちがストーリーを掲載している。自分のことや出身地について語り、借りたお金で何をしたいのかを説明するのだ。リンディウェたちのプロジェクトに資金を提供したい人は、そのストーリーを読んで、必要な資金の一部か全額を貸すことができる。

やがて利益を出せるようになると、リンディウェは借りたお金を返す。Kivaでの返済率は現在97%だ。160万人の貸し手と250万人の借り手のネットワークが、現実世界ではおそらく会うことのない何十万もの人をつないでいるのである。Kivaが貸し手と借り手をつないだことで、これまでに10億ドルを超える融資が実現された。Kivaの魅力は、関係と結びつきをつくるのを手助けし、マイクロファイナンスの提供につなげている点にある。これは、マイクロファイナンスが普通は提供されない場所で何かをするために少額の融資を必要とする人たちのストーリーと暮らしを紹介することで行われている。Kivaは人間関係のビジネスであり、マイクロファイナンスがその成果だ。むやみに顧客を獲得することではなく、貸し手と借り手の関係に焦点を合わせているのである。

カンパニー・オブ・ワンの最大の目標は、〝もっと大きく〟ではなく〝もっとよく〟へと向かっていくことであり、そうするには、顧客と長期的な関係を築く必要がある。もっとよくなるというのは、もっと人の役に立つということでもあり、人の役に立つことができれば、その人たちが顧客になってくれる。顧客の役に立てば、今度はその人たちが代弁者になってくれる。**人間関係に目を向ける企業と、もっぱら規模の拡大に集中する企業のちがいは、前者がほんとうの人間関係はゆっくりと、意味あるかたちで、あまり人が入れ替わることなく築かれるものだと理解している点にある。**売り上げをすぐに求めはしない。関係が深まって信頼が少し築かれたあとに、売り上げが生じるのだ。こちらに注意を向けてくれた人に、そのお返しとして話を聞き共感して注意を向ければ、売り上げによって（たいていの場合、長期間にわたって何度も）報われるわけだ。利益や顧客維持率を測れば、持続可能性をもっとよく確保できる。格言にあるように、「測れるものは成し遂げられる」からだ。もし規模の拡大に焦点を合わせていたら、規模の拡大が起こる。しかしそうではなく、長期的な顧客と売り上げにつながる人間関係に焦点を合わせていれば、それが実現するのだ。

それではカンパニー・オブ・ワンは、最も重要な目標へと向かうためにどうやって真のつながりをつくればいいのか。残念ながら、誠実でありたいと思うだけで魔法のように誠実になれるわけではない。消費者はかしこいので、わたしたちにとって都合が悪くても、こちらの真意を見抜く。

クリス・ブローガンの考えでは、企業が行動を通じてシンプルなメッセージを繰り返し共有することで、ほんとうのつながりが築かれる。これらの企業は、商品を買って欲しいとお願いするずっと前から、だれの役に立とうとしているのか、それはなぜなのかを示して、明確なメッセージを発信している。わたしが行ったインタビューでクリスは、この考えがどのようにビジネスで機能するのかを、その場で例をつくって説明してくれた。

想像してもらいたい。あなたの会社は、社員の功績を褒めるメッセージ入りのフォーチュンクッキーを売っているとする。おそらくうってつけの顧客は、一生懸命働く社員に報いようとする人事担当者たちだろう。あなたのウェブサイトに載せるシンプルなメッセージは、「いい仕事をしていれば、われわれはそれをちゃんと見ています」といったものになる。このメッセージは、職場で人を褒めることの大切さを伝えるとともに、売ろうとする商品（人を褒めるのに役立つ道具）をあと押しする。マーケティングの一環としてニューズレターをはじめて、顧客のなかから毎週ひとり優秀な社員を紹介するのもいいだろう。そうすれば、人を褒めることの大切さを伝え、それを真剣に受けとめる企業がいかに恩恵をこうむっているかを示すこともできる。また、どのような行動が報いられるのかを示す恰好の例も提供できる。

そのニューズレターは、フォーチュンクッキーを直接宣伝するわけではない。商品の宣伝が毎週送られてきたら、だれも読みたがらないだろう。いい仕事に報いればどのような恩恵が得られるかを示し、それを実現するひとつの手段としてあなたの商品を取り上げるのだ。このメッセージは、あなたの会社がまず何より顧客の成功と繁栄を願っていることを示したうえで、その実現を手助けできる商品があることを伝える。顧客の事例を集め、顧客と絶えず対話することで、顔の見えるほんとうのつながりを築くことができ、顧客のビジネスに何が必要かを、あなたの商品と直接関係するかたちで詳しく知ることができるのだ。カンパニー・オブ・ワンにとってここで最も重要なのは、いい社員に報いれば会社にどのような利益があるかを示すことだ。その結果として、フォーチュンクッキーが売れるのである。

## 社会関係資本を貯金する

規模の拡大を第一の目標としないカンパニー・オブ・ワンにも、3種類の資本が必要だ。ひとつ目が〝金融資本〟である。第11章で見たとおり、すぐに利益を出せるように――すぐにMVPrを達成できるように――これはできるだけ小さくしておくべきだ。ふたつ目が〝人的資本〟である。あなたが（あるいはあなたの少人数チームが）企業や集団にもたらす価値のことだ。この価値は、何かをつくり、それを自律してつづけるのに必要なスキルや、それを学ぼうとする意志のかたちをとる。3つ目が、〝社会関係資本《ソーシャル・キャピタル》〟である。金融資本も人的資本も大切だが、ビジネスの成功を左右しがちなのが社会関係資本だ。あなたが提供するものの価値を市場や顧客がどう見るか、それに関係するのが社会関係資本だからだ。

〝社会関係資本〟ということばは、1900年代はじめから断続的に使われていたが、1990年代に人口に膾炙するようになった。このことばは、1916年にL・J・ハニファンが使いはじめたと言われており、のちに人間関係、とりわけオンラインの人間関係を通貨として説明する手段として復活した。社会関係資本があると、あなたにとってプラスになることを人にお願いできる(たとえば、商品を買ってもらったり、あなたが書いたものをほかの人と共有してもらったりできる)。

現在使われている意味での社会関係資本は、社会的ネットワークには実際の価値があるということを前提としている。ネットワークのなかの人たちは、商品を買ったり、記事を共有したり、助け合ったりと、お互いにさまざまなことをする。人間関係が通貨として機能するのだ。したがって、**カンパニー・オブ・ワンは社会関係資本を銀行口座のように考える必要がある。社会関係資本は預けた分しか引き出せない。**商品を買ってくれるよう頼んでばかりだったり、何も提供せずにソーシャルメディアで自分の会社や商品の宣伝をするばかりだったりすると、残高はゼロになり、すぐにマイナスになる。ソーシャルメディアに「うちの商品を買ってください!」とツイートや投稿をしてばかりいる人や、毎週ニューズレターで自分の商品を褒めそやしてばかりいる人からは、だれものを買おうとは思わない。どれだけ頻繁にお願いしても商品は売れないし、コンバージョン戦術やグロース・ハッキングも役には立たない。

ものを買って欲しいとお願いするずっと前から、社会関係資本の口座にお金を入れて残高を増やしておかなければならない。できるだけ多くの人の役に立ち、価値を生み出すのだ。社会関係資本の根本は、顧客を教育して信頼と価値と評判を築くために、顧客に何を提供できるかにかかっている。社会関係資本は、一方的な宣伝攻勢ではなく、互恵関係の上に成り立つのだ。

社会的ネットワークの人間関係——TwitterやLinkedInだけでなく人のつながりすべて——には、とてつもなく大きな価値がある。それゆえ、多くのカンパニー・オブ・ワンがメーリングリスト（自分たちが管理できる社会的ネットワーク）を活用して売り上げを伸ばしている。また、多くのカンパニー・オブ・ワンが、ソーシャルメディア上で人びとと対話をしている。人間関係は、商取引に必要な信頼構築の礎《いしずえ》なのだ。

先に取り上げたBufferは、ソーシャルメディアのアカウント管理を手助けする会社だ。ブログを毎日更新して、ソーシャルメディアについての良質な記事を提供している。提供しているのは、同社のブログ読者が強い関心を示す類いのコンテンツだ。Bufferは、価値あるものを無料で提供することにはじめから力を入れ、2年間で120万を超えるユーザーを抱えるまでに成長した。ブログは毎月70万人に閲覧されている。

ベストセラー作家で世界征服サミット（WDS）の創設者クリス・ギレボーは、メーリングリストに登録した最初の1万人に個人的にお礼のメールを書いた。規模の拡大につながらなくても、心の底から誠実に振る舞うことで人と強いつながりをつくることができるのだ。誠実さと人間的な温かさによって、クリスは30万部を超える本を売り、WDSのチケットも毎年完売している。

社会関係資本の構築については、いくつかの異なる考え方がある。ソーシャルメディア管理ツールHootSuiteのサム・ミルブラスが提唱するよく知られた理論では、多くの人と情報のやり取りをする際には、内容を3等分すればいいと言われている。最新情報の3分の1はあなたのビジネスやコンテンツについて書き、3分の1は情報共有に割き、残りの3分の1は読者と関係を築く個人的なやり取りに使うべきだというのだ。

フロリダ州立大学でマーケティングを教えるウィリー・ボランダー准教授と、ノースイースタン大学で同じくマーケティングを教えるシンシア・サトーニーノ准教授の研究によると、企業の販売実績の26・6%が社会関係資本からもたらされているという。したがって、社会関係資本を貯金して人間関係を築くと、売り上げアップに直結する——3分の1も売り上げが増えることもある。すでに見たように、知っていることを共有して教えることで、信頼できる専門家としての地位を築ける。そして、専門性を活かして人を手助けすることで、社会関係資本を築くことができるのだ。

**社会関係資本がうまく機能するのは、それが相互性を育むからだ。たくさん共有し、ほんとうに価値あるものと手助けを提供して、ほかの人とつながればつながるほど、その人たちはあなたのことを手助けしたくなる。**先に取り上げたダニエル・ラポルテは、ビジネス上の人間関係と個人的な人間関係を分けて考えてはいない。ダニエルにとってはどちらも同じであり、いいビジネス上の人間関係はすべて個人的な強い友情によって支えられているというのが彼女の考えだ。お互いに相手のことを心から気にかけて、手助けをしたいと思っている。これが長くつづく人間関係である。

製品やサービスのほかに、消費者はあなたの会社に何をほんとうに望んでいるのか。知識か、教育か、あるいは手助けだけか。共感を働かせてそれを知れば、おおいに役に立つことがある。共感を持つことで、人間関係は「何を売れるか」から「どうすればほんとうに手助けできるか」に変わる。そうすれば、つまり双方に利益のある長期的な関係をスタートさせれば、社会関係資本を貯金できる。

## 何を売るかではなく、どうすれば手助けできるか

顧客関係管理（CRM）会社のHighRise（Basecampの子会社）は、だれかが同社のソフトウェアの顧客になったら、かなり変わったことをする——その新しい顧客に向けた動画をサポート・チームが撮影するのだ。名前で呼びかけ、具体的にどのような手助けが必要かを尋ねて、スタッフに直接連絡を取れるようにする。

こうした動画を送るのは、大規模に展開できるやり方ではもちろんないが、会社と顧客の関係を築く道具として驚くべき効果を発揮する。撮影は素人仕事だ。たいていは乏しい照明のもと、手ぶれしたスマートフォンのカメラで撮られている。しかし、顧客からはつねに好評だ。

あまりにも好評なので、ソーシャルメディアでシェアされることもあり、広報のチャンスがたくさん生まれる。**顧客を歓迎するたった30秒の動画には、好感を呼び起こし、社会関係資本を築いて、顧客と企業のほんとうのつながりをつくる力があるのだ。**

マギル大学は、顧客と深い関係を築くことの大切さを認識し、そのテーマでいくつかのコースとワークショップを開講している。UCLAで社会認知神経科学を教えるマシュー・リーバーマン教授は、生理的欲求と安全欲求が人間の最も基本的なニーズだとするアブラハム・マズローの欲求5段階説はまちがっているとまで言う。リーバーマンの考えでは、マズローが心理的ニーズだと考える帰属とつながりが最も基本的なニーズであり、ピラミッドの最底辺に位置づけられるべきだからだ。人間は生まれつき互いにつながろうとするのである。

しかし、大企業はすべてを速く処理することに集中し、ほんとうに人間らしい交流を提供しないことが多い。当然ながら、たくさんの人に届ける仕組みは重要だが、それは人間らしい交流があったうえでのことだ。企業は、人びとを顧客にしてお金を払わせることにもっぱら力を注ぐ。そして顧客になった人とは、時間をかけてつながりをつくろうとはしない。クリス・ブローガンやその他多くのカンパニー・オブ・ワンは、顧客に直接焦点を合わせる。きちんと迎え入れて定期的にコミュニケーションをとり、商品の価値を引き出して十分に活用してもらえるようにするのだ。だれかから100ドルを一度だけ稼ぐのではなく、長年のあいだに一人ひとりの顧客から何千ドルものお金を稼ぐのである。だからクリスは、商品を売るたびに顧客との関係に力を入れている。満足して何度も繰り返しものを買ってもらうためだ。

勢力範囲、対象者、顧客を広げようとするとき、企業は既存の顧客基盤のことを忘れてはいけない。植物ベースの食品をつくるカナダのダイヤ・フーズ社は、乳成分不使用のチーズを製造し、核となる顧客基盤であるヴィーガンから長年人気を得ていた。しかし、2017年夏に同社が製薬大手の大塚製薬に買収されると、顧客は激怒した。ダイヤ・フーズの顧客にとって、日常的に動物実験を行う大塚製薬はヴィーガンが支持するものと相容れない存在、つまり動物実験を拒み動物を傷つけないというヴィーガンの信念と真っ向から対立する存在だったのだ。怒ったのは消費者だけではない。ダイヤ・フーズのチーズを商品に使う会社も、すぐにダイヤ社のブランドをボイコットするようになった。たとえば、トロントを拠点とするヴィーガン・ピザの店、アピエカリプス・ナウなどだ。週に20ケースの〝チーズ〟を使うアピエカリプス・ナウは、食料品店チェーンを除くと同社の最大の顧客だった。

ダイヤ・フーズは、多国籍企業に身売りすることで顧客基盤を広げられると考えたが、その結果として価値観に突然ずれが生じ、昔からの忠実な顧客の反発を招いた。規模の拡大を追い求めることで、ダイヤ・フーズはそもそも同社を成功に導いたいちばんの理由を蔑《ないがし》ろにしてしまったのだ。つまり、植物ベースの食べ物を食べたい人たちに商品を提供するということである。たちまちオンラインで署名とボイコットの運動が起こり、ダイヤ・フーズの核にある価値観が変わって裏切られたと感じていた何千人もの元顧客が、数日のうちに声明に署名した。ポートランドの〈フード・ファイト！〉やブルックリンの〈オーチャード・グローサー〉など、いくつかの小売店はすぐにダイヤ・フーズの商品を販売するのをやめた。数時間のうちに６０００人を超える人がボイコットの呼びかけに署名したのだ。

ダイヤ・フーズの一件は例外的な出来事ではなかった。Appleがバグだらけの地図ソフトウェアを発表したとき、ＣＥＯのティム・クックは公に謝罪しなければならなかった。ユナイテッド航空がお金を払った客を飛行機から引きずり下ろしたときには、インターネット上で炎上し、同社の株の市場価値はおよそ10億ドル分も急落した。ニベアは「白は純潔」というお粗末なキャンペーンを展開して、たちまち白人優越主義団体（同社がターゲットにしていた相手ではない）をよろこばせ、あからさまに人種差別的な広告だとして消費者の反感を買った。

あなたのビジネスが役立とうとする核になる集団や関係のことを第一に考えなければ、その人たちに自分たちが軽んじられていると感じさせてしまうおそれがある。さらに悪いことに、あなたの会社がその人たちのことをなんとも思っていないと感じさせてしまうかもしれない。そうなると、あなたの会社への怒りをインターネットでぶちまけることになりかねない。消費者の憤りが怒りのツイートだけにとどまることはまずない。ビジネスにも深刻な影響が出る。

ＭＩＴスローン経営大学院の講師ジム・ドハティが、顧客と関係を築き、会社に感情面での関心と忠誠心を持ってもらうために必要な重要ポイントをいくつかあげている。

ひとつ目は、顧客にあなたの会社を好いてもらうことだ。**当然のことだと思うかもしれない**

**が、人間関係においては、基本的な前提条件を抜きにして前にすすむことはできない。**特別に力を尽くして、人間らしくフレンドリーかつ親切に接することで、現在と未来の顧客にあなたの会社のことをもっと好きになってもらえる。

ふたつ目は、顧客に尊敬されることである。あなたの仕事、あなたが提供するもの、あなたの会社の行動に感心してもらう必要があるのだ。尊敬を集めるには、フォローアップをし、名簿にある顧客をうまく細分化して（つまり、すでに購入している商品を売りこまないようにして）、最高のものを提供できるよう最善を尽くせばいい。

3つ目は、ものを売ろうとするときの振る舞いだけでなく、あなたの〝全人格〟を顧客に尊敬してもらうことだ。どのような慈善団体を支援しているのか。仕事以外の場でどのような行動をしているのか。だれもがソーシャルメディアですべてを共有するいま、Googleにアクセスさえできれば、だれでもあなたの暮らしをすべて知ることができる。CEOたちは自分に子どもが生まれたらその知らせをシェアする（たとえば、マーク・ザッカーバーグやマリッサ・メイヤーなど）。ティム・クックは自分のことをほとんど明かさない人物だが、それでも同性愛者であることをエッセイで公表し、反トランスジェンダーの法律に反対する運動を行っている。**顧客は、自分と同じように感じて行動する会社のことを高く評価する。**これをうまく実行できれば顧客の尊敬を獲得でき、尊敬を得られれば、恨みや嫉妬を感じられることなく、あなたの成功と繁栄に関心を持ってもらえる。

最後に、**しばらくものを買っていない顧客であっても、長く関係を維持することが重要だ。**一貫性と継続性が鍵になる。ドハティによると、ここでほとんどの企業がつまずく。関係を放棄してしまうからだ。ビジネス上の利益が消えたと思うと、それに割く「時間がない」ということになる。しかし、そういったときこそ、顧客との関係が最も価値あるものになる。顧客は再購入を検討しているかもしれないし、仲間や自分の顧客にどこかの会社を紹介しようとしているかもしれない。成功するビジネスの土台には顧客との良好な関係があり、これはカンパニー・オブ・ワンにとりわけあてはまる。

顧客とつながりを築くことに力を入れれば、その見返りはさまざまなかたちで現れる。ブランドに忠誠心を持ってもらえたり、商品への支持を高らかに表明してもらえたり、離れずにいてもらえたりするのだ。IBMが60か国の33の業界で1500人を超えるビジネス・リーダーを対象に行った調査によると、大多数のリーダー（88％）が、顧客と深い関係を築くことがビジネスにとって最も重要だと考えていた。

顧客とつながるということは、つまるところ満足してもらうということだ。顧客が満足していれば、引きつづきあなたの製品やサービスを利用してくれる。ほかの人にもあなたのビジネスについて話してくれる。あなたのブランドに忠実でいてくれる。考えすぎる必要はない。最も重要な問いはいつも同じだ。カンパニー・オブ・ワンとして顧客に満足してもらうには何をすればいいかである。

## 一匹狼にならないこと

独立して働いているからといって、ひ・と・り・で働かなければいけないわけではない。現在と未来の顧客とのつながりと同じぐらい、仲間との関係も大切だ。

ウェイクフィールド・ブランズウィック社のCEOアンジェラ・デヴレンは、**ビジネスでは一匹狼にならないことが大切だ**と理解している。ウェイクフィールド社は、大きな病院や医療施設にコンサルティングを提供し、大規模災害への備えと災害からの復旧を手助けする会社だ。同社は、関連分野のトップレベルの人たちと手を組んで仕事をし、充実したサービスを顧客に提供している。これらのパートナーは社員ではないが、プロジェクトに加わると同社の看板を背負って行動する。独立した事業主たちが信頼にもとづいて緊密にネットワークをつくり、ひとつのブランドのもとでともに顧客のために働くのだ。それとは逆に、アンジェラがほかのプロジェクトに加わることもある。そのときには、彼女がほかのブランドの看板を背負って働く。プロジェクトのために集められた人たちがチームになって働き、仕事が終わると解散する。そして必要になったら、またチームが組まれる。ここでは、仕事を逐一細かく管理する必要はない。みんな高度なスキルを持って求められた仕事に取り組める人材だからだ。プロジェクト・リーダーの指示のもと完全に自律して働くことができる力を持っていて、実際にそう行動する。

このように仕事をまわすことで、アンジェラはコワーキング・スペースで会社を経営することができ（小さな会社を経営する人に、アンジェラはこれをすすめている）、社員もフルタイムのスタッフひとりですんでいる。会社はかなり身軽で、人事関連の足かせも最低限しかないので、少ない経費で多くの利益を出すことができる。

**ウェイクフィールド社が信頼できるパートナーを抱えているのは、アンジェラが力を注いで関連サービス分野のリーダーたちと関係を築いてきたからだ。適当に人を雇ってもうまくいかない。**ブランドの看板を背負って働いてもらうのに必要な信頼がないからだ。まずかなりの訓練をしなければならず、それには長い時間がかかる。

ウェイクフィールド社はカンパニー・オブ・ワンなので、引き受けられるプロジェクトの規模や範囲は限られているかもしれない。しかし、ほかの独立した事業者とつながりを築くことで専門性やスキルを共同で蓄え、はるかに大きな仕事も受注できている。ウェイクフィールド社がほかの会社と組むのは、プロジェクトのために必要とされるときだけだ。それ以外のときは、自由に好きな仕事をしている。だれを知っているか、だれに知られているかが、ビジネスのあらゆる次元を支えているのだ。

同様に、〝デザイナー一家〟を標榜する〈ゴーストリー・ファーンズ〉も独立したデザイナーのゆるやかな集団であり、個人では取り組めない規模の仕事に取り組んでいる。デザイナーたちはイラストからブランディング、ウェブ・アプリケーションのデザインまで、さまざまな分野のデザイン・サービスを提供する。プロジェクトによってチームの人数は変わり、個々のメンバーが独自に仕事を引き受けることもある。この柔軟性のおかげで、同社はリンカーン・モーター・カンパニーなどの大企業と仕事をすることができ、大手企業と競争して仕事の受注にこぎつけることもできている。また、権威ある賞もいくつももらっている。**創業者のメグ・ルイスの考えでは、みんなのスキルを組み合わせ、互いに相談相手になって全般に助け合うことで、一人ひとりのスキルを単純に足し算したときよりも大きな成果をあげているのだ。**

ジェームズ・ニウスは、240を超えるスキー場マップを手描きで作製してきた。あなたがスキーに出かけたことがあるなら、おそらく彼の作品を目にしているはずだ。40歳のとき、仕事を探していたニウスは、風景を描くことに強い関心を寄せていた。そこで当時、スキー場マップの作製を一手に引き受けていたビル・ブラウンに連絡を取り、手助けが必要ではないか尋ねた。ブラウンはちょうど手助けを必要としていたうえ、実は引退しようとしているところだった。そういうわけで、いくつかの仕事を一緒にやってつながりを深めたあと、ブラウンはすべての仕事をニウスに譲った。ニウスはその後、30年にわたってスキー場マップを描いて暮らしを立てている。

とりわけ独立して働いていると、カンパニー・オブ・ワンはひとりぼっちの闘いだと思いこみがちだ。会社には自分だけいればよく、外部との交流や関与は必要ないと考えて、そのように行動しがちである。しかし、仲間や同業者、さらには同じような業界の人たちとつながって関係を育めば、新しいアイデアに触れたり、新しい顧客の獲得につながる有意義な関係を築けたりする——あるいは単純に息抜きにもなる。自由と独立はもちろん保っておきたいが、ときには重い荷物を背負って走る必要もある。仲間の数が力になるからだ。

# 第13章
# カンパニー・オブ・ワンをはじめる――わたしの体験

本書では、カンパニー・オブ・ワンの経営をつづけるために（というよりは、いかなるビジネスであれ長期的につづけるために）規模の拡大を疑問視すべき理由について、さまざまな事例、データ、研究を見てきた。ここで、パズルの最後のピースに目を向けたい――ゼロからカンパニー・オブ・ワンをはじめるには何をすればいいのか。

この章では、自分で何かをはじめるのがどういうことかに焦点を合わせる（ただ、すでに見たように、カンパニー・オブ・ワンは大きな組織のなかでも繁栄できる）。これまでの議論からわかってもらえているとうれしいが、常識に反するこのアプローチで仕事に取り組むと、金銭面でもプラスになり、仕事の楽しさも全般に大きくなる。独立して働くのは、とても理にかなっているのだ。ここからは、それを実行に移す方法を見ていきたい――**小さく弾力性があっ**

**て失敗しないものをつくるには、どうすればいいのか。わたし自身の体験からはじめたい。**

1990年代なかば、わたしはトロント大学でコンピュータ科学と人工知能を学んでいた——最近の流れを考えれば、そのままつづけていればとても役に立っただろう。しかし、わたしはそれが大嫌いだった。勉強と課題をさっさと片づけて、自分がほんとうに興味のあることに力を注いでいた。インターネットという新媒体だ。そして、インターネットでウェブページのデザインと制作をするようになった。

スラング（〝ほんもの〟の辞書には載っていないことば）の辞書サイトをつくると、それが注目とメディアの関心を集めだして、インターネット関係の刊行物に加えてデザイン会社もわたしのサイトに注目するようになった。ウェブサイトをつくれば顧客の役に立ち、収益もあげられると考えたからだ。

その結果、わたしは大学をやめてトロントの会社でフルタイムの仕事につき、デザインとウェブサイト制作を手がけるようになった。しばらくはうまくいっていたが、やがて顧客に対する会社の姿勢に不満を抱くようになった。会社は、人間関係の質よりも仕事の量に目を向けていたからだ。1年半のあいだ、顧客がリピートすることなく去っていくのを目にしたあと、この仕事は自分には向いていないと考えて会社を辞めた。そして、もっとわたし自身の望みと一致する会社を探すことにした。

ところが、仕事を辞めた翌日におもしろいことが起こった。図書館に行って履歴書の書き方を調べようと思っていたら（それまで一度も書いたことがなく、当時はインターネット上の情報はいまほど充実していなかった）、電話が鳴りはじめた。会社の顧客たちが、わたしが辞めたと聞いてかけてきたのだ。わたしが一つひとつのプロジェクトに大きな価値をもたらしたいと思っていたことに気づいてくれていて、わたしが移る先の会社に仕事を依頼したいと言ってくれた。

そのとき、それ以前には考えてもみなかったアイデアが浮かんだ——独立してまさに自分が働きたいタイプの会社をつくれば、自分の目的と仕事を一致させることができるのではないか。そこで、履歴書を書くためではなく、ビジネスのはじめ方を調べるために図書館に行った。こうして、独立して働くという20年にわたる仕事がはじまったのだ。

当時はそれをカンパニー・オブ・ワンとは呼んでいなかった。しかし、実質的には、わたしがやっていたのはまさにカンパニー・オブ・ワンだった。

はじめは前進するよりもはるかに多くの失敗を経験した。だから、わたしの話をすれば、最初にわたしが経験した精神的苦痛や金銭的な損失を少しは避けて通ってもらえるはずだ。

## まずはちょっとした警告を

独立して働くことについて書かれたインターネット記事は、フルタイムの仕事の足かせから解き放たれて自由でしあわせになるというプラスの面を褒めたたえるものばかりのようだ。世界各地のビーチでノートパソコンを膝にのせ、マイタイを片手にひとり仕事をするイメージがそこには示されている。

独立すれば問題はすべて解決する。それが確実に前進する唯一の道だ。そういったメッセージをわたしたちは絶えず受け取っている。**わたしはたいていの人よりも長いあいだ独立して働いてきたが、これがすべての人にとっていちばんの選択肢だとは思わない。**カンパニー・オブ・ワンをはじめる才能がない人もいると言いたいのではなく、万人にとって理にかなった働き方ではないということだ。すべては何がしたいか、どのようにそれをやりたいかによる。

独立して働いていれば、給料、福利厚生、研修を処理してくれる人事部はない。お金の出入りを管理したり、売掛金を回収したりしてくれる経理部もない。新しいビジネスを宣伝してくれるマーケティング・チームもない。お金を稼ぐためにやるメインの仕事に加えて、ほかの作業もすべて自分でやらなければいけないのだ。こういった作業をするのが平気な人もいるが、それに時間を割くのがいやな人もいるだろう。**カンパニー・オブ・ワンを経営するわたしの知り合いたちを見ると、核になる仕事（執筆、デザイン、プログラミングなど）に割く時間は半分かそれより少ない。ほかの時間は経営にあてている**——見こみ客《リード》を探したり、帳簿をつけたり、顧客と連絡を取ったり、マーケティングをしたりといった具合だ。

世間に広く見られる「独立しよう！　いまやっていることよりましだ」というメッセージに

のせられて独立に惹かれる人も多い。しかし、実際に独立した場合にどのような仕事が日々求められるのかを理解していないこともよくある。オースティン・クレオンが、その状態を次のようにうまく言い表している。「みんな動詞をやらずに名詞になりたがる」。つまり、創業者やCEOといった肩書きや新しいロゴのついた名刺や立派なウェブサイトを欲しがる一方で、会社経営にともなう毎日の厳しい仕事のことは忘れているか見て見ぬふりをしているのだ。成功する会社をつくるというアイデアと情熱だけでは足りない。アイデアや夢があるのはいいことだが、行動し、それを実現するために必要な仕事をしなければ、アイデアも夢も安っぽく無意味なものになる。

夢を持つよりもむずかしいのは――はるかにむずかしいのは――、夢を毎日実現することだ。会計のスプレッドシートと格闘しなければいけない日もあれば、顧客から3度目の修正を求められたり、怒った顧客に対応したりしなければいけない日もある。日々のつらい仕事をこなせるかどうかが、単なる経営者志望の人とそれを実現する人を隔てる壁だ。

**独立して働くには、エゴと目的の両方が同じだけ求められる。**わたしが独立したのは、働いていた会社よりもうまく顧客との関係を育むことができると思ったからだ。そして、それがわたしの目的になった――いちばんのデザイナーになることではなく（そもそも、そんなことが可能なのかわからない）、顧客との関係に焦点を合わせたビジネスを経営することが目的になったのだ。ここにはエゴも含まれているが、それは悪いエゴではなく、「自分ならこれをもっとうまくできる」という類いのエゴだ。もっとうまくできると思っていなかったり、うまくできるかどうかはどうでもいいと思っていたりするのなら、独立する意味はない。ほかの人のもとで働けばいい――すでにビジネスが確立されているし、おそらくあなたがやりたくない仕事をやってくれる人もいる。

**目的が必要なのは、ずっとそこにあって、長期的にあなたを導いてくれる北極星がなければいけないからだ。** すぐに金持ちになることやビジネスの世界で有名になることは、長期的なモチベーションにはならない。お金を稼いだり有名になったりしたいのなら、もっと簡単な方法がほかにある。どうして独立して働きたいのか。たいへんなときや思っていたよりも時間がかかるときに、それでもつづけようと思えるのはなぜか。会社経営にともなう日々の雑事に追われながらも、それをつづける価値をどこに見いだすのか。

わたし自身は、自分で選択できるのが好きだった。自分には合わないと感じた仕事や顧客は断って、収入を減らす選択ができるのはうれしい。3か月間休みを取って、妻と一緒にアメリカの砂漠地帯を車でキャンプしてまわれるのもうれしい。上から仕事をまわされるのではなく、次の仕事を自分で選べるのもうれしい。土曜に働いて水曜にハイキングに行けるのもうれしい。この選択の自由がわたしの北極星だ。たしかに、そこに至るまでにはあるていどの時間がかかったので、最初はいまほど自由ではない状態に耐えなければならなかった。それに、経費をまかなわなければならないので、いずれにせよお金は必要だ。したがって、いちばんの顧客は必ずしもいちばん望ましい顧客ではなく、いまここにいて今月お金を払ってくれる顧客だということもある。それでも、選択の自由という目的があるおかげで、困難な状況でもわたしは前にすすむことができる。

気の滅入るメッセージを送りたいわけではない。すべての成長はプラスになるという考えを疑うべきなのと同じで、独立して働きたいという考えも疑う必要があるということだ。それでもやりたいと言うのなら、それはすばらしいことだ。この本が、あなた自身のカンパニー・オブ・ワンをつくるためのちょっとした手引きになるとうれしい。しかし、いまの時点で（あるいはその後も）それに意味を見いだせないのなら、それはそれで構わない。所属する組織のなかでカンパニー・オブ・ワンになり、そこで弾力的ですばらしいキャリアを築くのがあなたの道かもしれない。ビジネスでの成功や楽しみに、みんながとるべき唯一の道があるとは思えない。

## 自分のスキルを使って人の手助けをする

顧客もファンもいない状態で明日、ゼロからビジネスをはじめるとしよう。どのようにして、関心を持ってくれる人を集めればいいだろうか。どうすれば顧客を惹きつけることができるのか。

多くの人が、このような状態からビジネスをはじめる。何かをうまくやる方法は知っている（つまり技能はある）が、あなたと仕事をしたいと熱意を持つ人がいない状態だ。そういうとき、どこからはじめればいいのだろうか。

わたしのスキルをふまえて言えば、まずはウェブ・デザイナーを探している人や、すでにウェブ・デザイナーを使っている人の話を聞くところからはじめる。わたしが持つスキルのなかでは、ウェブ・デザインがいちばん売りになるからだ。顧客になる可能性のある人たちは、どうやってデザイナーを探しているのか。どこで探しているのか。どんな疑問を持っているのか。ウェブ・デザイナーを使って何か不快な思いをしたことがあるのなら、何が問題だったのか。ウェブ・デザインのプロジェクトをはじめる前に知っていたらよかったことは何か。こういうことを尋ねるのだ。

これらの点をふまえて、その後、手助けを提供する。特別に知りたいことはないか。第三者の目で何かを見て欲しいのではないか。次に何をすべきかブレインストーミングしたいのではないか。セカンドオピニオンが欲しいのではないか。この業界について何か知りたいことはないか。サービスを売りこんだりお金を取ったりはせずに、こういった点について役に立つちょっとしたアドバイスをする。重要なのは押しつけがましくならないことだ——わたしが答えられる疑問を持っている人をただ探すだけにしておく。

無料で提供するこの手助けは、1か月も時間がかかるわけでもなければ、ウェブサイトを丸々デザインしなおすわけでもない。メールでやり取りをしたり、対面、電話、Skypeで会話したりするだけだ。ようするに、無料のコンサルティングやプロジェクト計画セッションを提供するのである。そうすることで、ウェブ・デザイナーを雇う側が何を考えているのか、その鍵になる要因を知ることができ、デザイナーが選ばれる理由とプロセスがわかる。

第4章で見たアレクサンドラ・フランゼンと同じように、知識を提供できる相手をひとり見つけるところからはじめる。それからまたひとり見つけて、さらにもうひとり見つける。できるだけ多くの人と話し、みんなが抱えている問題や理解していない点についての傾向がはっきりと見えてくるまでそれをつづける。その間、わたし自身を売りこむことは一切しない。必要とする人に手助けやアドバイスを提供するだけだ。

このように人と話すことで、ふたつのことが可能になる。第一に、わたしが一緒に仕事をしたい種類の人たちと（見返りを求めることなく）知識を共有する機会ができる。第二に、顧客になる可能性のある人が何を求めていて何に困っているのか、どうすれば効果的にコミュニケーションをとって問題解決を手助けできるかがわかる。

**ものを売りはじめるずっと前から、なんらかの手助けをして人と関係を築く。〝販促〟のためやものを売るために関係を築くわけではない。関係を築いて育むのは、その人たちから学びつづけるためである。これは、互いにとって利益になる関係だ。彼らはわたしから手助けを得て、わたしは彼らの知識を得る。**

この聴き取り調査とミニ・コンサルティングは、どこか別のところで（おそらくフルタイムで）働きながら行う。これはとても重要なことだ。向こう見ずにいきなり自分の会社をゼロからつくるなどということは、わたしだったらしない。持続的に生計を立てられるように実行に移せるアイデアかどうか、まだわからないからだ。

そこから道はいくつかに分かれる。学んだことをブログで一般向けに発信し、それをまとめて本にすることもできる――顧客が抱えがちな問題とそれへの解決策がたくさん詰まった本だ（わたしの前の著書がこれだった）。あるいは、新しく得た知識を使ってサービスをつくることもできる。顧客になる可能性のある人たちが何に最も手助けを必要としているかがわかるからだ。わたしなら、おそらく両方やる。自分で絶えず販売促進や売りこみをしなくても、わたしが手助けした人たちが、わたしの考え出したものを人にすすめてくれるにちがいない。

そしてこれが鍵になる――手助けをした相手が、わたしが手助けをしたというまさにそのために今度は（わたしがそれを期待していなくても）わたしを手助けしてくれるのだ。わたしが相談に乗ったり一緒に計画を立てたりした会社はすべて、計画を実行に移すときにわたしを雇いたがった。コンサルティングにそれなりの料金を設定しても、やはりみんな最優先でわたしを選んでくれたのだ。人の役に立つことが、見こみ客を集めるのにおおいに役立ったのである。

新しいビジネスは、まず人を手助けし、それを土台にしてウェブ・デザインやデザイン・コンサルティングの契約を取る。そうするのは、資本主義が嫌いなヒッピーだからではない。そうすることで、忠実な顧客基盤と支持者を獲得できるからだ。

このアプローチは、慈善団体や、親しい友人だけを対象にしたビジネスにしか向かないと考える人が多い。子どもに服を着せて食事をテーブルに載せ、家賃を払えるだけのお金を稼ぐビジネスには使えないというのだ。しかし、わたしはまさにこの方法で、10年以上も4、5か月の順番待ちがつづいているビジネスを築いた。この方法で本を出して数万部を売り上げた。この方法で長年仕事にアプローチしてきた。わたしはただ、自分のスキルを使ってほかの人を手助けしてきただけだ。そうするのが好きだからだ。最初は小さな規模で無料で手助けをし、のちにもっと大きな規模でそれなりのお金をもらってするようになった。

このアプローチは、カンパニー・オブ・ワンの考え方を反映している。すぐにはじめられて、リソース、道具、自動化ソフトウェアなどに多額のお金を投資する必要もない。まずサービスを提供することで、すぐにMVPrに達することができる。その後、サービスへの需要が高まったら製品を売り出せばいいのだ。コンピュータ1台とインターネット接続さえあればはじめられる。

あとでもっと稼げることを期待していまお金を使うよりも、いまお金を稼げるようにビジネスのギアを入れたほうがいい。そうすれば、早く利益を出せるからだ。投資家も、自己資金も、ベンチャー・キャピタルも必要ない。特定のハードウェアやソフトウェアも必要なければ、秘密の戦術や戦略も必要ない。**必要なのは、有意義なスキルを持つまっとうな人間でいて、話を聞いてくれる人に自分が知っていることを積極的に教える気持ちを持つことだけだ。**

もう会社では働かないと決めたとき、わたしはそのようにしてカンパニー・オブ・ワンをはじめた。当時はまだ実家に暮らすティーンエイジャーで、安いパーツで自作したコンピュータを使って自宅の地下室で仕事をしていた。ひとり暮らしをはじめるときに生活費をまかなえるように（その後、すぐに西部へ行ってひとり暮らしをはじめた）、またのちにはできるだけたくさん貯金ができるように、すぐにできる仕事に集中した。

通常、会社をつくるにはまず（銀行、裕福な親類、ベンチャー・キャピタルからの）投資を確保して、長い時間をかけて力を注ぎ完璧な商品をつくる。しかし、このやり方には多くの欠点がある。市場、商品の位置づけ、顧客についてさまざまな仮説を立てる必要があり、商品を発売する前にたくさんお金を使って、成果が出るまで待たなければならない。

これとは反対のカンパニー・オブ・ワンのアプローチでも、それに優るとも劣らずうまく機能する。投資なしで（ほんの少し時間をかけるだけで）ビジネスを立ちあげることができ、市場、商品、未来の顧客についての仮説もそれほど立てなくていい。カンパニー・オブ・ワンを立ちあげるには、ビジネスのアイデアを可能なかぎり小さくして、それをすぐ実行に移すだけでいいのだ。

たとえば、わたしの最初のオンライン・コース〈クリエイティブ・クラス〉は当初、30回のレッスンにするつもりだった。それを準備するには、4〜6か月かかる。また、コース用のソフトウェアも開発したかった（それにもさらに4〜6か月かかる）。しかし、レッスンを準備するのに4〜6か月かけたい気持ちに抗って、わたしは既存のソフトウェアを使って7回のレッスンでコースをはじめた。そうすることで、準備に1年もかけずに、1か月でコースを立ちあげることができたのだ。すぐに立ちあげたことで、何がうまくいって何がうまくいかないかを実際の顧客を相手に確かめられて、調整し手を加えて改善することができた。7回のレッスンではじめたあと、受講生からのフィードバックをもとに、さらに7回のレッスンをつけ加えた。第二ラウンドのレッスンもすぐに公開できて、お金を稼ぎながら顧客からのフィードバックにもとづいて調整を加えられた。6度目のバージョンのときには、わたしが暮らしていくのに十分な収入が得られるようになっていた。

## 考えておくべきこと

カンパニー・オブ・ワンは、できるだけ小さくはじめて、ゆっくりと、あるいは必要に応じて成長させるという方法をとるが、それでもやはりいくつか考えておかなければならない要素がある。

## 【お金】

企業はもっぱら収入に目を向けることが多いが、**カンパニー・オブ・ワンにとっては、支出も収入と同じぐらい重要だ。MVPrに到達できるのが早ければ早いほどいいからだ。**

次のように考えてみて欲しい。1000ドルでサービスを提供していて、毎月かかる経費が2000ドルだとすると、利益を出すには最低でも月に3人の顧客が必要だ。経費が4000ドルなら、少なくとも5人の顧客が必要になる。ふたつの問いを率直に考えてみよう。まず、何か支出を減らして、毎月利益を出すのに必要な仕事を減らせないだろうか？　また、利益を出すのに必要な数の顧客を毎月確保できる可能性はどれくらいあるだろうか？　もし顧客を3人確保するのは可能でも5人になるとぎりぎりなら、全体のコストを下げるか料金を上げる必要がある。**顧客を獲得してともに仕事をし、一人ひとりの顧客のプロジェクトをやり遂げるのに、どれだけ時間がかかるか考えてみよう。**1か月に5回それをするだけの時間があるだろうか。あるいは3回でも目いっぱいではないか。

同じ問いは、製品事業でも考える必要がある。商品の値段が50ドルでコストが30ドルだとすると、2000ドルの経費をまかなうには、商品を40個ではなく（2000ドル÷売価50ドル＝40個）100個売らなければならない（2000ドル÷利益20ドル＝100個）。もし経費が4000ドルならば、200個売る必要がある。それは可能だろうか。

お金と関係するもうひとつの要素が、時間の使い方だ。事前注文を受けたりクラウドファンディングを使ったりしていなければ、商品開発に時間をかけているあいだはお金が入ってこない。商品の最初のバージョンを早く市場に出して、収入を確保するにはどうすればいいだろうか。

**お金の問題があるので、多くのカンパニー・オブ・ワンは副業として出発する。MVPrに到達して創業者の生活を支えられるようになるまでには、少し時間がかかることがある。**わたしは最初、実家に両親と暮らすことで生活費を節約した（当時はまだ19歳だった）。それから時間をかけてゆっくりとサービスから製品に移行していった――完全に移行したのは、つねに製品がサービスよりも多くの収入をもたらすようになってからだ。

### 【法律】

小さな企業は、都合よく利用されたり、搾取されたり、お金をだまし取られたりすることがある――相手は大きな企業の場合もあれば、同じ規模の企業のこともある。だから、はじめから法律面を整えておくのが重要だ。

第一に、活動する国や地域に合わせて適切に会社を設立しなければならない。第二に、会社はあなた自身から層をひとつ隔てた存在でなければならない。つまり、会社はそれ自体が法人組織――ほとんどの国では法人、アメリカでは有限責任会社（ＬＬＣ）――でなければならない。そうなっていれば、ビジネスで問題が起こったときに責任を負うのは会社であってあなた自身ではない。**すべてのお金は、あなたにではなく直接会社に入るようにして、あなたは給料や配当金として会社からお金をもらうべきだ。**あなたのニーズ、顧客に提供する商品、場所などによって、会社はさまざまなかたちで組織できるので、あなたにふさわしい会社を立ちあげられるように、おそらく弁護士（と場合によっては会計士）の手助けが必要だろう。

カンパニー・オブ・ワンをあなた自身と切り離したあとは、会社がほかから都合よく利用されるのを防ぐ必要がある。サービス中心の会社の場合、これは会社と顧客のあいだで契約を結ぶということだ。最初は、契約書はオンラインで安く入手できる。しかし、最終的には弁護士の手を借りたほうがいい。あなたの仕事の分野に通じていて、あなたがいる土地で法律がいかに運用されているかをよく知り、当然ながら契約が有効であることを確認できる弁護士だ。製品ベースの会社の場合は、お金を払う前に使用者に利用規約に同意してもらう必要がある。

**顧問弁護士を――従業員としてではなく契約で――雇うのは、だれかれなしに人を訴えるためではない。訴訟ができるだけ起こらないようにするためだ。**わたしは顧問弁護士に少額の年間契約料を払って、予防策としてときどき質問をしている。弁護士は、わたしの会社がほかから訴えられる可能性をできるだけ少なくしてくれて、わたしの会社がほかの人を訴えなければならなくなる可能性もできるかぎり小さくしてくれる。法廷に訴えたり訴えられたりすると、カンパニー・オブ・ワンの日々の経営に大きなストレスがかかる。

カンパニー・オブ・ワンにとっていちばんの弁護士は、あなたがやっている種類のビジネスを理解していて、あなたの規模の会社とよろこんで仕事をする人だ。一般に、専門的サービスの提供を受けるためにだれかを雇うときには、その人の最大の顧客にも最小の顧客にもならないようにするのが賢明だ。

## 【会計】

**いい会計士は、料金よりも多くのお金を節約してくれる。**わたしはずっとそう信じてきた。それを支える研究やデータが手元にないので、この考えは誤解かもしれないが、それでもわたしの会計士は確実にそうしてくれている。

あなたのカンパニー・オブ・ワンに最適の会計士を見つけるには、あなたのやっている種類の仕事について知識があり、あなたの規模の会社に通じている会社を探すといい。わたしの会社に必要なのは、オンライン・ビジネスの仕組みを理解している会計士だ。また、わたしの会社はカナダにあってカナダドルで動いているが、デジタル商品をおもにアメリカで売ってアメリカドルで収入を得ている。それを扱える知識がある会計士でもなければいけない。

会計士は、年度末の納税申告のときにだけ話す相手ではない。アドバイザーとしても利用できて、役所からの要求にかかわるあらゆる事柄、金融関係の法律の最新情報（知らないうちに法律を破ってしまわないようにしなければならない）、自分の給料と経費を会社から払う適切な方法、税金の支払いを最低限に抑えるための会社の仕組みなども相談できる。

わたしは、会計士と数か月に一度話をする。何かを変えたいときや、新しい商品や協力関係を加えようとしているとき、新たに大きな支出が見こまれるときなどだ。また、役所から会社に書類が届いたときにも会計士と話す（たいてい理解不能なことばで書かれているからだ）。それに、簿記も会計士に検査してもらい、すべてが正しく処理されてまちがいのないようにしている。政府に払うお金の込み入った詳細を理解しようとするよりも、お金を稼ぐことに集中していたいので、それについてはよろこんで会計士に任せる。会計士も従業員として雇うのではなく、独立したコンサルタントとして契約を結んでいる。カンパニー・オブ・ワンにフルタイムの会計士は必要ないからだ。

**【給与】**

法律の項で触れたように、会社とあなた自身は切り離しておく必要がある。そのためにまず**しなければならないのが、会社用の銀行口座を別につくることだ。**そして、その口座から自分に配当金や給料を支払う。仕事の売り上げはときによって変わるので、わたしは過去12か月の利益（売り上げではない）の平均から25～30％（税金の支払い用に取っておく）を引いた額を自分の基本給にしている。利益が増えたら、自分の給料を上げる前に、快適に暮らすのに毎月最低いくら必要かを考える。そして、12か月の平均利益を念頭に置いて、最低限の生活費を大きく上まわらない安定した給料を設定する。当然ながら、必要に応じてこの額は変えられるが、会社からお金を取れば取るほど、払う税金が多くなることは心にとめておく必要がある。

独立して働くときに考えなければならない最も重要なことは、過去12か月の平均利益にもとづいて給料を計算していても、同じ利益をこの先も出せる保証はないことだ。だから、余裕を確保しておくことが大切だ。調子の悪い月が1、2か月あっても自分の給料と経費をまかなえるぐらいの蓄えが必要である。わたしは手堅くいきたいので、必要になったらすぐに使える流動資産を6か月分確保している。3か月分でいいという人もいるので、自分に適した額を自分で決めればいい。わたし自身は、あるていどの余裕を確保できるまで完全に独立して働きはじめようとは思わなかった。

**自分にいくら払うかを決める際のもうひとつの要素が、どれだけ休みを取りたいかだ。1年に4週間の休暇を取りたいのなら、（いざというときのための蓄えとは別に）1か月分の貯金を余分に確保しておく必要がある。**繰り返し発生する収入源（月払いのソフトウェア・ライセンスの収入など）がなければ、働いていないときにはお金が入ってこないかもしれない。

すぐに使える貯金があれば、予期せぬ出来事が起こったときにも役に立つ。家族が病気になったり亡くなったりすると、予定外の休みを取らなければいけなくなるかもしれない。そのようなときに、繰り返し発生する収入源と資金の余裕があるとおおいに役立つ。

## 【貯蓄】

給料といざというときの蓄えのほかに、カンパニー・オブ・ワンはできるだけ多くのお金をインデックス・ファンドなどのパッシブ運用に投資すべきである。**インフレ率が年に3%だとすると、あなたの資産のうち、最低でも年3%の利まわりが得られていないものは、すべて減っていることになる。**これは銀行口座に預けているお金にもあてはまる。当座口座も普通口座も、利息はほとんどつかないからだ。

わたしには、確定拠出年金（401K）や登録退職金貯蓄制度（カナダ政府によるカナダ人向けの制度）にお金を払ってくれる雇用者がいないので、働き盛りのときに稼いだお金をできるだけ有効に運用して、稼げなくなる未来のために蓄えをつくっておかなければならない。だからわたしは、給料と同じように自分の銀行口座から投資用の口座に毎月自動で送金するようにしている——送金するのは、長期的に意味があるが流動資産に影響を及ぼさないぐらいの額だ。

ここでの目標は、小さなステップでお金を運用することにある。まず、あなたのカンパニー・オブ・ワンが、あなたの生活費をまかなえる利益を出せるようにする。次に、調子が悪いときでもフルタイムでやっていけるように、いざというときのための蓄えをつくる。そして、給料と蓄えを確保したうえで、お金を会社に再投資する。うまくいけば、その投資から3％を超える見返りが得られる。あるいは、会社に投資する必要がなければ——会社の経費をすでにカバーできていて、会社をそれ以上大きくする必要もなければ——余分なお金はインデックス・ファンドなどに投資してもいい。

**わたしは、手数料がとても安いロボ・アドバイザーを使って、自分で管理する必要がないインデックス・ファンドにお金を投資している。**四半期に一度、投資しているお金を確認して、質問があれば投資会社の担当者と話をする。これは長期的な投資なので、日々の、あるいは毎月の増減は気にしていない。数十年単位でお金が増えてくれれば、それでいいのだ。

**【健康保険】**

あなたが暮らす国によっては、独立してカンパニー・オブ・ワンをはじめるか否かを決める際に、医療保障と保険が非常に大きな検討材料になることがある。

Cushion（フリーランサー向けのスケジュール管理ソフトウェアを提供する会社）の創業者

ジョニー・ホールマンは、アメリカ人が自分の会社を立ちあげない第一の理由は、医療費に不安を覚えるからだと言う。事業主のプランやグループ・プランに加入しないと保険の費用は確実に高くつくので、いろいろなプランを検討してから選択するようにしたい。

さいわいカナダなどほかの多くの国は、全住民に基本的な健康保険を提供している。カナダに暮らす人は、追加の医療保険や大怪我をしたときのための傷害保険（回復に時間のかかる怪我をしたときのため）、生命保険のことだけ気にかけていればいい。しかしアメリカでは、健康保険はつねに問題になる。**カンパニー・オブ・ワンは、どこから健康保険と生命保険を調達するか、広くアンテナを張って検討したほうがいい。**

あなたがどこにいても、普通は仲間に加わって割引を受けられる集団がある。職能団体、商工会議所、企業集団などだ。

## 【ライフスタイル】

肝心のお金と保険の問題を見たので、次はカンパニー・オブ・ワンによって可能にしたいライフスタイルの問題へ移ろう。どのような仕事をするにせよ、働き方にはつねにライフスタイルの選択がついてまわる。カンパニー・オブ・ワンのいいところは、カンパニー・オブ・ワンを中心にライフスタイルを築くことができて、利益とあなた自身の幸福のために仕事を最適化できる点にある。

**最初のステップは、経費、いざというときの蓄え、投資資金をまかなうだけの収入を毎月継続的に得られるようにすることだ。これをクリアしたら、すばらしいことが起こる。選択の道がひらけるのだ。**望むのならもっとお金を稼ぐこともできるし、同じだけ稼ぎながら働く時間を減らすこともできる。後者を選んだら、優先順位をつけられるようになる。家族ともっと一緒に過ごしたいのか。世界を旅してまわりたいのか。新しいビジネスのアイデアとチャンスを試すのにもっと時間をかけたいのか。

業績が順調なときに、あらゆる領域で絶えず規模の拡大を考えなければならないという障害を取り除けば、人生を楽しむ道がひらける。足るを知ったことのプラス面を活かせるようになるのだ。

そして、もしわたしとあなたのゴールが似ていたら、いつか近いうちに太平洋岸北西部の小道をハイキングするあなたの姿を見かけるかもしれない。そうなったらうれしい。

# おわりに――大きくしないこと

山梨県の美しい田舎町にある旅館、西山温泉慶雲館《けいうんかん》は、世界で最も長くつづく宿だ。およそ1300年間つづいていて（705年創業）、52代にわたって同じ一家によって営まれている。慶雲館のまわりでは支配者が現れては消え、戦争によって周囲が破壊され、大好況と大不況が訪れては去った。それでも慶雲館はそれに耐え、経営をつづけるのに十分な利益を確保してきた。同旅館には35の客室があり、6つの天然温泉が週7日1日24時間利用できる。きれいなお湯はアルカリ性で、人工的に加熱や処理はされていない。提供する食事はシンプルな旬の食べ物であり、周囲の山や川でとれた地元の食材を使っている。温泉のほかは、周辺地域に人を惹きつけるものは何もない。当然ながら、Ｗｉ－Ｆｉやライドシェアは存在しない。それにもかかわらず、わたしたちが（あるいはわたしたちの曽祖父母が）生きてきたよりもはるかに長いあいだ、人気の旅行先でありつづけている。天皇、政治家、侍、軍司令官なども宿泊している。

慶雲館が最初から力を注いできたのは、成長や規模の拡大ではなく、顧客へのサービスだった。小規模のままつづけているのは、宿泊客に快適に過ごしてもらうことをつねに最優先させてきたからだ。

慶雲館が急激な成長を選ばずに成功したことは、同じような企業と比べるとよくわかる。世界で最も長くつづく会社、社寺建設の金剛組《こんごうぐみ》だ。創業者の金剛重光《こんごうしげみつ》は、途方もないチャンスを目の前にしていた。仏教が急速に広まっていて、寺院を建てる必要があったのだ。その後、14世紀にわたって(つまり創業者の死後もずっと)金剛組は寺院の建設に忙しかった。慶雲館と同じく、金剛組も顧客の役に立つことと技をきわめることに徹底的にこだわり、そうすることで会社は弾力性を持って生き抜いていた。

1428年間、金剛組は建設会社として順調に経営をつづけていた。しかし、1980年代に桁外れの金融バブルと無制約の貸出増加のために日本の市場が好況に沸くと、同社は業務を拡大して不動産業に参入し、突如として状況が変わった。急成長によって短期的な見返りは得られたが、よくあるように、その成長は長つづきしなかったのだ。

1990年代はじめに、日本の金融バブルは完全にはじけた。恣意的に抑えられた金利で巨額のお金を借りていた企業のもとには、ただ借金だけが残った。借金は人気のドラッグのようなものだ——みんながやっていて、どの会社もそれを手に入れられると思ったのである。

金剛組は結局、3億4300万ドル近くの借金を背負った。大手企業に買収されて、数年後には整理される——きわめて長くつづいた企業が終わりを迎えたのだ。金剛組は数々の政治危機やふたつの原子爆弾の投下を生き抜き、政府が仏教を日本から完全に排除しようとしたときもそれに耐えた。しかし皮肉なことに、急速な規模拡大のコストには耐えられなかった。失敗の原因は、安定と利益よりも規模の拡大を優先させたことにある。

**日本語では、長くつづく会社のことを〝老舗《しにせ》〟と呼ぶ。興味深いことに、１００年を超えてつづいている世界の会社の90%が日本企業だ。すべて社員は３００人を下まわり、いまもつづく企業は急速に規模を拡大することはなく、大きくするときにもしかるべき理由がある。**

金剛組とは対照的に、慶雲館はほとんど大きくなっていない。いまも40に満たない客室と6つの温泉で経営されていて、長期的に成功するのに規模の拡大は必要ないと認識することで生き残ってきた。すべての宿泊客に唯一の客であるかのように感じてもらうよう努めることで、慶雲館は何世代にもわたって贔屓《ひいき》客を惹きつけてきたのだ（それができる企業は少ない）。もちろん、あるていど手は加えていて、１９９０年代には部屋を改装して湯泉を掘っているが、そのようなときも慎重に検討したうえでわずかに手を入れるだけである。

慶雲館は小さいのに生き残ってきたのではなく、小さいからこそ生き残ってきたのだ。規模を拡大してホテルチェーンになったり、不動産投資に関心を向けたり、好景気に踊らされたりすることはなかった。投資家の支援は受けず、株式も公開していない。

イェール大学経営大学院の講師リチャード・フォスターによると、Ｓ＆Ｐ５００の企業の平均寿命はわずか15年だという。

一方で慶雲館は1300年間営業をつづけている。

## 小さすぎてつぶれない存在になる

本書で示した考え、研究結果、教訓は、ビジネスの成功についてのより大きな哲学を指し示している。**ビジネスの成功は、急速かつ大幅に規模を拡大することにあるのではなく、弾力性があるすばらしいものを長い時間をかけて築くことにあるのだ。**成功するのに1000年かかると言いたいわけではない。成功とは、必要なだけビジネスをつづけられる道を見つけることである。繰り返し見たように、大きすぎてつぶれない会社は存在しない。規模が大きくなると危険やリスクも大きくなり、利益を出してそれを維持するのに必要な仕事も増える。

**規模の拡大を目指すのではなく、ようするに小さすぎてつぶれない存在になることに力を注げばいい。小さなカンパニー・オブ・ワンになり、小さく焦点を絞ってすぐに利益を出せるようにしておくことで、不況を乗り切り、顧客の動機の変化に適応して、競争にかかずらわずにいることができるのだ。**

そうなると、成功は四半期の利益増加や顧客獲得数の伸び、あるいは出口戦略(exit strategy)をつくって最初よりも多くのお金を持って去る能力で測られるべきではない。人気のウェブ・コンファレンスWebStockをはじめたナターシャ・ランパードは、そのかわりに

〝存在戦略〟（exist strategy）に集中すればいいと言う。存在戦略とは、できるだけうまく顧客を維持し、顧客に利益をあげさせて、顧客の役に立つようにする戦略である。成功は、小規模のままで顧客とほんとうの関係を築きつつ、すぐに利益を出すことによって測ることができる。これはあなたが利他的なヒッピーだからではなく、そうすることが長期的にプラスになるからだ。長年の忠実な顧客は、ときに数世代にわたってあなたのビジネスを金銭面で支えてくれる。

解決すべき問題、ほんとうの創意工夫が求められる問題は、何かが起こったときにさらなるものをつけ加えて対処しようとするのをいかに避けるかだ。単純に何かをつけ加えてビジネス上の問題を解決しようとするのは、傷口に絆創膏《ばんそうこう》を貼るようなものである――たしかに血は止められるが、傷ができたそもそもの原因に対処する手助けにはならない。さらなるものをつけ加えるのは、ようするに、最初に原因を検討することなく問題を解決しようとする試みにほかならない。

なぜさらなるものが必要なのかわかれば、あなたの会社と顧客の両方にとってプラスになり、もっとよい結論を出すことができる。会社のためにならない規模の拡大は避けられるかもしれない。あなたも社員も働きすぎず、顧客も無視せずに、それでいて大きな利益を出せる小さな会社をつくってつづけることができるかもしれない。投資を受けて規模を拡大するのではなく、同じ規模のままでいられるかもしれない。

もっと多くのものをつけ加えることで問題を解決しようとするのではなく、これで十分だというところを見きわめればいい。本書の冒頭で引用したリカルド・セムラーの考えでは、最低限の利益を超えた利益は会社の存続に不可欠とはいえない。セムラーは、**あらゆる代償を払ってでも利益を追求するのは、まるで刑務所の監房にあきがあるのを見て、犯罪者が十分に捕まっていないと考えるようなものだ**と言う。実際には、刑務所を運営する政府にとっていちばんいいのは、犯罪率が急上昇してもっと多くの人が罰せられることではなく、そもそも犯罪が起こらないように力を入れ、納税者を増やして利益を増やすことだ。

わたしは、第2章で見たふたつの調査結果をいつも思いだす。そこでは、多くのスタートアップにとって、また多くのトップクラスの企業にとっても、規模の拡大が失敗のおもな原因であることが示されていた。実のところ、長くつづくスタートアップはとても少ない。ほとんどは15年どころか数年ももたず、当然ながら1300年もつづきはしない。成長すると、多くの企業は成功するには大きすぎる規模になってしまう。大きな企業は小さい企業よりもはるかに失敗しやすい。バーンレート（資本燃焼率）は高く、利益を出すために次々と顧客を獲得しなければならない。社員数は肥大に膨れあがる。みんなが自分の仕事を十分にこなしてくれているると思いたいが、あまりにも人が多くて確かめようがない。

**何が十分かは人によって異なる。十分というのは、規模拡大へのアンチテーゼだ。〝十分〟はカンパニー・オブ・ワンの最も重要な目標であり、起業家精神、グロース・ハッキング、ス**

**タートアップ文化を奨励する現在のパラダイムの対極にある。**

本書で紹介した研究や事例が示していたように、規模の拡大はビジネスの不変の法則ではない。とりわけカンパニー・オブ・ワンにとっては、規模の拡大が必然的に成功や利益につながるわけではない。小さすぎてつぶれない存在になれば、仕事について自分で選択できるようにもなる。**目標に上限を定め、自分にとって何が十分かを把握すれば、ほんとうの自由が得られるのだ。**何かをするよう求められたり、あなたにとってプラスにならない仕事の機会が訪れたりしたときに、断る自由ができるのである。

あなたのビジネスが〝十分〟なところに到達して、新しくやってくるチャンスをすべて試す必要はないとわかると満足感を得られる。この自由ができたら、自分のやり方でカンパニー・オブ・ワンを経営できるようになる。人生を楽しみ、毎日ほんとうにやりたい仕事をやって、ほんとうに役に立ちたいと思う相手を顧客にできるのだ。

## 本書は出発点にすぎない

本書では、「もし〜だったら？」という疑問を持った人たちの研究や事例を見ることで、〝カンパニー・オブ・ワン〟という考えを検討してきた。もし規模の拡大が重要でないとしたら？もし目標に上限を設けたら？　もしビジネスと資本主義の常識をひっくり返したら？

わたしがカンパニー・オブ・ワンについて調べはじめたとき、ビジネスにとって規模の拡大が必ずしもいちばんの道ではないと考えているのは自分だけだと思っていた。しかし、さらに検討をつづけるうちに、ひっそりとした動きが進行中であることに気づいた。世界中のカンパニー・オブ・ワンが、急速に社員を増やしたりベンチャー・キャピタルから投資を受けたりすることなく、成功して大きな利益を出しはじめているのだ。Buffer や Basecamp といった企業が繁栄して利益を出し、トム・フィッシュバーンやダニエル・ラポルテといった人たちが現状に異議を申し立てて小さいながらも驚くべきビジネスを築いている。

思いだして欲しい。事実上、だれもがカンパニー・オブ・ワンだ――あるいはカンパニー・オブ・ワンであるべきだ。あなたが人の会社でチームを率いていても、大企業の社員でも、ほかの人はあなたのキャリアのことをあなた自身ほど気にかけない。実際、自分のためになるように気を配るのは、あなただけの仕事だ。自分にとっての成功を定義してそれを実現するのも、あなた自身にかかっている。

ほとんどの人が知っているように、起業家は会社員よりもリスクが大きいという考えは正しくない。最近の大企業では、会社がどのように経営されるか、どれだけ利益（あるいは規模の拡大）に集中するか、自分たちの仕事がどれだけ安全かといったことを、社員はほとんどコントロールできないからだ。たしかに、自分で何かをはじめるのには多少のリスクがあるが、わたしが知るかぎり、ほとんどの起業家はリスクをとても嫌う人たちだ。リスクがあるところではアイデアを繰り返し実行しながらゆっくりとすすみ、それと同時に利益を出すためにすばやく動く（自分の給料を稼ぐために、利益を出す必要があるからだ）。

カンパニー・オブ・ワンになることで、あるいはその考え方の重要な側面を取り入れることで、どの仕事でも、どの会社でも、自分ではじめるどのようなプロジェクトやビジネスでも、成功できる弾力性を育むことができる。いちばん小さなときにビジネスがうまくいくようにしておけば、仮に大きくなったとしてもうまく機能させることができるのだ。

どこかで――それがどこかは人によって異なる――、それ以上稼いでも生活の質は変わらないと気づく地点がある。これで〝十分〟だと気づくと自由になれる。９０００万ドル持っているのと9億ドル持っているのとでは何がちがうのか（正直なところ、わたしにはわからない）。それがどの地点かわからないのなら、どうしてもっと欲しいのか、あるいはどうしていま持っている分では足りないのか、自分に尋ねてみるといい。

カンパニー・オブ・ワンの考え方を受け入れるか否かは、二者択一の決断ではない。やるかやらないかのどちらかではないのだ。そうではなく、この本で提案したレシピ全体のなかで、あなたの働き方やあなたの会社の活動にプラスになる材料がないか考えてみて欲しい。おそらく一部のアイデアだけ採用して、あとは使わないこともできる。いろいろな考えを吟味して、あなたの会社と顧客にとって何がいちばんいいかを決められていればそれでいい。

いま巨大企業は、これまで以上に敏捷になって独自の路線を歩む方法を学ぶ必要がある。つまり、もっとカンパニー・オブ・ワンのようになる方法を学ばなければならないのだ。それに、自分のビジネスに向かって道を歩みはじめたばかりの人たちは、前進するには別の道があることを知っておく必要がある。実のところ、道は無限にある。それぞれの道についてよく考えてみなければ、納得いく結果に行き着くことはできないかもしれない。

この本に書いたことすべての土台にあるのは、規模に関係なくどの企業も〝現実の〟ビジネスのパラダイムにとらわれない〝ライフスタイル〟ビジネスであるべきという考えだ。実際、理屈のうえでは、どの企業もライフスタイル・ビジネスだ。それぞれが、どのように生きたいかというあなたの選択を反映しているからだ。めまぐるしい実業界で働きたいのなら、ほかのことをする余裕はほとんどないと受け入れなければならない。規模の拡大に焦点を合わせたベンチャー・キャピタルの世界を選ぶのなら、投資家と顧客というふたつの集団に絶えず注目されていることを受け入れなければならない（それに、両者が望むものは大きく異なることがある）。〝十分な〟利益でいいという会社で働くのなら、利益を増やすこと以外の何かに合わせてライフスタイルを最適化できる。

**ようするにすべてのビジネスは、仕事以外でどのように暮らしたいかについての選択にほかならない。**ある選択肢がほかよりすぐれているわけではない。すべて単なる選択肢であって、それぞれがきわめて個人的な内面の要因に導かれている。本書が提示するのは、ひとつの選択肢にすぎない。あなたが自分の暮らしとビジネスについて選ぶ選択肢とは異なるかもしれないが、もしこれがあなたの選択肢であれば、本書がちょっとした参考になり、導きの光になるとうれしい。

カンパニー・オブ・ワンでいるためのルールは、たったひとつしかない。規模の拡大が求められるチャンスに気をつけ、それを受け入れる前に疑ってみること。ルールはそれひとつだけで、ほかはすべてあなたしだいだ。しかし、規模の拡大が必要かを疑うのをやめてしまうと、規模拡大の獣にあなたとあなたのビジネスを丸呑みにされるリスクが生まれる。

カンパニー・オブ・ワンの運動は絶えず規模を拡大している（下手な冗談だが、言わずにいられなかった）。あなた自身のカンパニー・オブ・ワンの物語があれば、ぜひ聞かせて欲しい(paul@mightysmall.co)。すべてのメールに目を通して、できるだけ多くに返信することを約束する。

企業が商品をたくさんつくり、市場を広げ、提携先を増やせば、そのぶん稼げるお金は少なくなる。「全方面に全速力で前進せよ」というのが、企業の司令塔からのかけ声のようだ。製品ラインの拡張がやがて忘却を招くことを、

# 企業はいつになったら学ぶのか。

――アル・ライズ、ジャック・トラウト

『マーケティング22の法則――売れるもマーケ当たるもマーケ』

（新井喜美夫訳、東急エージェンシー出版部、ただし訳は改変している）

# 謝辞

本はチームでつくるものだが、手柄はすべて著者ひとりのものになる。だから、表紙に名前を載せられなかったすべての人にお礼を言いたい。

妻のリサは、必要なときに励ましてくれて、必要なときに活を入れてくれた。

わたしのすばらしいエージェント、ルシンダ・ブルーメンフェルド、同じくすばらしい編集者リック・ウルフ、彼の有能なアシスタント、ローズマリー・マクギネス、ルシンダ・リテラリー社とホートン・ミフリン・ハーコート社のみなさん。わたしが想像していたよりも、また自分ひとりで到達できたであろうところよりも、はるかに高いレベルまでこの本を引き上げてくれた。

本書のためにインタビューに答えてくれたみなさん。身のほどをわきまえずにインタビューのお願いをしたにもかかわらず、ありがたいことに引き受けて経験を共有してくれた。クリス・ブローガン、ケイト・オニール、ケイティ・ウォマスリー、マーシャル・ハース、ミランダ・ヒクソン、トム・フィッシュバーン、アレックス・ボーシャン、アンジェラ・デヴレン、ブライアン・クラーク、ダニエル・ラポルテ、グレン・アーバン、ジェームズ・クリア、ジェイソン・フリード、ジェフ・シェルドン、ジェシカ・アベル、ショーン・デスーザ、ジョスリン・グライ、カイル・マーフィー、ケイトリン・モード、ランド・フィッシュキン、ソル・オーウェル、ザック・マクロウ、本書を書くあいだに話をしたその他すべてのみなさん。

わたしと関心を共有してくれる人たち、毎週日曜の朝にへんてこで常識はずれなアイデアでいっぱいのニューズレターを受け取ってくれている長年の読者のみなさん。読んで、共有して、励ましてくれてありがとう。みなさんがいなければ、この本はできなかった。

本書を読んでくれたあなた。わたしが共有したことが仕事の刺激になったり、仕事を別の角度から見直すきっかけになったりしていたらうれしい。

# 訳者あとがき

なんのために働いているのか。いまやっている仕事になんの意味があるのか。ただ仕事をまわしてお金を生みだしているだけではないのか。そこに何か根元的な意義はあるのか。朝はやくから夜遅くまで働いて家では寝るだけ。こんな生活でいいのだろうか。

多くの人がこのような疑問を抱えながら日々働き生活しているのではないだろうか。実際、ビジネスの世界での常識は、人間として生きているときの常識や感覚とどこか異なるように感じられることが多い。

たしかに企業が求人をして、それに求職者が応じるときには、ふたつの常識は必ずしも矛盾しているようには思われない。企業は従業員の人間としての成長や仕事のやりがい、事業の社会的意義などを強調するし、求職者も仕事を通じてだれかの役に立ちたい、社会で有意義な役割を果たしながら自己実現をしたいと語る。

しかし、わたしたちはそれが建前であることをどこかでわかっている。そして実際に仕事をはじめると、そのような理想のとおりに働けることはあまりない。

ビジネスの世界ではしばしば人間としての常識が非常識になる。究極的な目的はお金を稼いで利益をさらに増やすことと、顧客を増やして会社の規模を大きくすること。顧客をたくさん獲得できるのなら、ダイレクトメールやスパムメールをどんどん送ればいい。売れるのであれば、商品やサービスに意味や有用性など必ずしもなくてもかまわない。なんなら人をだましたっていい。たくさん売り、規模を大きくして、もっとお金を稼ぐために、昼夜を問わず一生懸命働くのがあたりまえだ。

そんな世界に人が違和感をおぼえてうんざりするのは当然だろう。

本書の著者であるポール・ジャルヴィスもそうだった。ジャルヴィスは学生時代に趣味で手がけていたウェブサイト・デザインの能力を買われ、大学を中退して企業に就職し、ウェブサイトの作成を手がけることになる。しかし「やがて顧客に対する会社の姿勢に不満を抱くようになった」。というのも、「会社は、人間関係の質よりも仕事の量に目を向けていたからだ」。

そこからジャルヴィスの冒険がはじまった。会社を辞めて独立し、自分が望むビジネスを自分でつくっていくことにしたのである。

ジャルヴィスが望むビジネスとはどんなビジネスか。それが本書で一貫して論じられる〝カンパニー・オブ・ワン〟にほかならない。「カンパニー・オブ・ワンの定義はシンプルだ」とジャルヴィスは言う。「規模の拡大に疑問を投げかけるビジネス、それがカンパニー・オブ・ワンである」

普通のビジネスは、成功して利益が出ればそれを投資して人を増やし、設備を充実させて、さらなる顧客を獲得し利益を増やそうとする。あるいは最初に多額の資金を投資家から調達して大々的に事業を立ちあげようとする。

しかし、それにはさまざまな代償がついてくる。たくさんの社員に給料を払い、大きなオフィスの賃料や設備の維持費を捻出するために、多額の資金が絶えず必要になる。それをまかなうためには顧客をどんどん増やし、売り上げを伸ばさなければいけない。すると一人ひとりの顧客に割ける時間と労力は必然的に少なくなり、顧客とのあいだには距離ができて互いに顔が見えにくくなる。量が優先され、商品やサービスの質を確保するのもむずかしくなる。「複雑なプロセスや仕組みにさらに複雑なプロセスが加わり、タスクを終えることではなく仕事そのものに労力が費やされることになる」

それらの結果、会社の目的や使命はぼやける。それに、市場や社会に大きな変化があったときにも、小回りがきかずに柔軟に対処するのがむずかしい。「製品やサービス、管理の層、仕事のルールやプロセスが増えすぎると衰退につながる」のだ。

カンパニー・オブ・ワンは規模拡大にともなうこうしたマイナス面を理解している。そして、それに抗う。自分はなんのためにビジネスをするのか、その目的をつねにはっきりと意識していて、規模拡大のチャンスが訪れたときには、ほんとうにそれが目的に向かうためにプラスになるのかを考えたうえで慎重に判断を下す。規模の拡大はあくまでも手段であって、それ自体が目的ではないからだ。「カンパニー・オブ・ワンが問わなければならないのは、〝ビジネスをもっとよくするにはどうすればいいか?〟であって、〝ビジネスをもっと大きくするにはどうすればいいか?〟ではないのである」

ビジネスのほんとうの目的はそれぞれが自分で決める。

ジャルヴィスは顧客と顔の見える関係を築き、自分のスキルをつかって顧客の役に立ちたかった。

一緒に仕事をしたいと思える顧客を自分で選びたかった。時間を自由にやりくりして余暇を楽しみたかった。

わたしたち一人ひとりにこういったほんとうの目的があるはずだ。いまの仕事に違和感を覚えているのだとするならば、おそらくそれは自分の目的、つまり望む生き方と、仕事のあり方のあいだにずれが生じているのだろう。

ジャルヴィスが提唱する〝カンパニー・オブ・ワン〟の考えは、目的と仕事を一致させる働き方が可能であることを示してくれる。

そしてそこへ向かっていくことができるように、わたしたちの背中を押してくれる。

さらにはきわめて具体的かつ親切に、カンパニー・オブ・ワンの世界でうまく生きていけるように道案内をしてくれる。

「労働者は仕事の外部でのみ自分自身でいられる……仕事の場では自分自身の外側にいるかのように感じる。働いていないときにだけ心が休まる、働いているときには心は安らかでない」――マルクスは『経済学・哲学草稿』で言う。実際、産業革命以降、現在にいたるまで、さまざまなかたちで資本主義社会における人間と仕事のあいだの葛藤に批判的な目が向けられてきた。

「仕事に行くときに自分の価値観を家に置いて出る必要がない」ことが望ましいと言うジャルヴィスの考えも、基本的にはその延長線上にある。ただ、ジャルヴィスは資本主義それ自体に根本的な問題があるとは考えない。資本主義社会をのりこえる必要があると考えているわけでもなければ、資本主義社会から抜け出してヒッピーや仙人のように暮らすよう説くわけでもない。軸足はあくまでビジネスにある。

自分の生き方と目的に忠実でありながらもビジネスを成功させて、よく生きるのに十分なお金を確保すること、つまり「ビジネスが自分の目的と完全に一致して」いる状態を目指すこと、それがカンパニー・オブ・ワンの思想だ。カンパニー・オブ・ワンが規模の拡大を疑問視するのは主義のためではない。「規模の拡大は必ずしも利益をもたらすわけではなく、経済的にも採算が取れないからだ」

このようにジャルヴィスは、いまの仕事のあり方を疑問視しながらも、ビジネスの文脈で、ビジネスのことばを使って、地に足のついた別の仕事のありかたを提示する。

そしてその議論はジャルヴィス自身の経験と、同じ価値観を持ちながら成功を収めているさまざまなビジネスの事例によって支えられている。ひとりでやっているビジネスだけではない。Google、Facebook、スターバックスといった企業も、カンパニー・オブ・ワンに通じる考え方を用いることでよい成果を出したり、軌道修正をしたりしてきたのだという。

カンパニー・オブ・ワンは、生活の質と目的意識を確保しながらビジネスを成功に導く概念なのだ。

ジャルヴィスが議論を展開する土俵はあくまでビジネスである。しかし、カンパニー・オブ・ワンの概念は、既存のビジネスの常識をことごとく覆していく。

すでに見た〝規模の拡大がかならずしも望ましいわけではない〟という考えもそのひとつだが、

それだけではない。

リーダーはカリスマ性や社交性があって押し出しの強い人でなく、「思慮深く、内省的で、落ち着いた人物」であってもいい。完璧に準備を整えてから事業をはじめる必要はなく、まずはいまあるものとスキルでできることからはじめればいい。未来の大きな利益よりも目の前の小さな利益を確保すべきだ。自分の弱点や癖を隠すのではなく、個性を前面に押し出してそれを売りにすべきだ。新規の顧客を獲得するよりも、いまいる顧客をよろこばせることに力を注ぐほうがいい。情報を隠す必要はなく、すべて広く共有すべきだ。ものを売ることを考えるのではなく、人を手助けすることに集中すればいい。

ようするに規模や量よりも質、金銭的な利益よりも顧客への奉仕、功利性よりも意味と目的、偽りよりも誠実さ、売ることよりも人の役に立ち人を助けることが大切だというのがジャルヴィスの基本的な立場だといえるだろう。そして、個性とライフスタイルと人間関係を重視する。これは多くの人が現在の仕事のあり方に対して抱いている違和感や不満を代弁しているのではないだろうか。

つまり人間としての常識をそのまま保って、まっとうなビジネスをしようということだ。それでもビジネスは成功させられる。いや、そうするからこそビジネスを成功させられるというのがジャルヴィスの一貫した主張である。

内省的なリーダーは人の話をよく聞いて人望を集め、自律的な人たちをうまく束ねることができる。すぐにはじめられることから出発すれば、最初から収入も確保できるうえに反応やデータを集めて軌道修正と改善をすることができる。既存の顧客をよろこばせれば、その人たちが長期的に商品を買ってくれ、さらにほかの人にもすすめてくれる。情報を共有すれば信頼を獲得でき、その分野の専門家としての権威も築ける。人を手助けしたら、その相手にも手助けしてもらえる。

そしてこういったことを可能にするのが、小さな規模で弾力性を持ち、自由とスピードとシンプルさを備えたビジネス、すなわちカンパニー・オブ・ワンなのである。

もちろん、カンパニー・オブ・ワンにはマイナスの面もある。万人向けの仕事のやり方でもない。

「すべては何がしたいか、どのようにそれをやりたいかによる」

会社で働いていたら担当部署の人が処理してくれる給料、福利厚生、研修、出納の管理、売掛金の回収、マーケティング、宣伝、クレーム対応、こういったことをすべて自分でやらなければいけない。「日々のつらい仕事」をこなしていくのは簡単ではない。

しかし自分の望む生き方と一致し、目的があれば、困難な状況でも前進できるとジャルヴィスは言う。そして、同じ道を歩もうとする人のために、ゼロからいかにしてカンパニー・オブ・ワンを立ちあげていけばいいのか、自分自身の経験に即して示してくれる。また、お金、法律、会計、給与、貯蓄、健康保険といったきわめて具体的な点についてアドバイスを送ってくれる。

本書の文章の端々から、著者ポール・ジャルヴィスの誠実さが伝わってくる。著者に共感し、著者を信頼しながら読みすすめられる一冊だ。それはジャルヴィスが本書でも〝カンパニー・オブ・ワン〟の思想を実践しているからにほかならない。

ここに書かれていることが広く実行に移された社会は、いまよりもはるかによく生きられるよい社会にちがいない。本書をきっかけにジャルヴィスの同志が増えてくれたら、訳者としてもうれしい。

なお、本書は*Company of One: Why Staying Small is the Next Big Thing for Business*の全訳である。ただし、原書の注（おもにウェブサイトなどの参考文献）は権利者の許可を得て省略し、邦訳書があるもののみ本文中に記した。

本書の日本語訳を準備する過程では、ポプラ社の野村浩介氏にたいへんお世話になった。はじめの章を訳した段階できわめて緻密で的確なフィードバックと助言をいただき、その後も原稿をお送りするたびに誠実でていねいな感想とともに励ましてくださった。著者の誠実さを深く理解し受けとめてくださる編集者の手でこの本が日本の読者の手に届くこととなりうれしい。同社の辻敦氏も、本書が多くの読者に届くようにと野村氏とともにプロの目線で妥協なくご尽力くださった。また、日本ユニ・エージェンシーの吉岡泉美氏は、本書にこのうえなくふさわしいかたちで翻訳出版の手はずを整えてくださった。お三方をはじめとする関係者のみなさまに深くお礼をもうしあげる。

山田　文

【著　者】**ポール・ジャルヴィス** (Paul Jarvis)

オンラインを駆使した「小さな会社」の魅力を伝える、新時代のビジネスリーダー。ウェブデザイナー、オンラインコース講師、ソフトウェア開発者、ポッドキャスト配信者、作家。アクセス解析サービスFathom Analyticsの共同創業者。「ひとり」から「数人」の会社、あるいは大企業のなかでも独立性を担保した働き方をする人たちに向け、マーケティングから生産、販売、資金繰り、カスタマーサービスに至るまで、長期的に安定したリスクに負けないビジネスを指導。著者は企業ウェブサイトのデザイナーおよびインターネット・コンサルタントとして仕事をはじめ、ウォーレン・サップ、スティーヴ・ナッシュ、シャキール・オニールらプロスポーツ選手や、Yahoo!、マイクロソフト、メルセデス・ベンツ、ワーナー・ミュージックなどの大企業と長年仕事をしたのち、マリー・フォルレオ、ダニエル・ラポルテ、クリス・カーらオンライン起業家がブランドを築くのをサポート。著者の経営手法は『WIRED』誌、『ファースト・カンパニー』誌、ＵＳＡトゥデイ紙など、さまざまなメディアで繰り返し取り上げられてきた。現在、カナダ、ブリティッシュコロンビア州の沖合にある島で、妻のリサと暮らしている。ガーデニングやハイキングなどを楽しみながら週に一度ニューズレター *The Sunday Dispatches* を発行している。Twitterのアカウントは@pjrvs

【訳　者】**山田 文** (やまだ ふみ)

翻訳者。訳書に『ザ・ディスプレイスト　難民作家18人の自分と家族の物語』(ヴィエト・タン・ウェン編)、『ポバティー・サファリ　イギリス最下層の怒り』(ダレン・マクガーヴェイ著)、『３つのゼロの世界　貧困０・失業０・CO2排出０の新たな世界』(ムハマド・ユヌス著)、『ヒルビリー・エレジー　アメリカの繁栄から取り残された白人たち』(J・D・ヴァンス著／共訳) などがある。

ステイ・スモール
会社は「小さい」ほどうまくいく

2020年9月7日　第一刷発行

著　者　ポール・ジャルヴィス
訳　者　山田文

発行者　千葉 均
編　集　野村浩介
発行所　株式会社ポプラ社
〒102-8519　東京都千代田区麹町4-2-6
電話 03-5877-8109（営業）
03-5877-8112（編集）
一般書事業局ホームページ　www.webasta.jp

印刷・製本　中央精版印刷株式会社


N.D.C. 366　326 p　19cm　ISBN978-4-591-16758-8



P8008297